Fuchsie
Pelargonie
Begonie
Aster

Herders Großes Bilderlexikon

Herders Großes

Bilderlexikon

Das bunte Kinderlexikon
mit mehr als 1000 Farbbildern
von Robert André

Ein Streifzug durch die bekannte
und die unbekannte Welt

Herder Freiburg · Basel · Wien

Der Inhalt

Vom täglichen Leben

Über Land und Meer

4. AUFLAGE

Redaktion: Verlag Herder
Jugendbuchlektorat (Text)
in Verbindung mit Robert André (Bild)

Dieses Werk enthält überarbeitet,
ergänzt und in neuer Zusammenstellung
Bilder und Texte aus
Herders buntes Bilderlexikon

sowie *Unsere Welt*

Herstellung: Freiburger Graphische Betriebe 1983
ISBN 3-451-18400-1

Hinauf in den Luftraum

Was die Erde hervorbringt

Von der Geschichte des Lebens

Vom Leben der Tiere

6 Besondere Bauwerke

Berühmte Bauwerke im Größenvergleich (Höhenangaben in Klammern): *1* Eiffelturm, Paris (318 m) mit Fernsehantenne *2* Spanische Windmühle (ca. 12 m) *3* Holländische Windmühle (ca. 20 m) *4* Empire State Building, New York (442 m) mit Fernsehantenne *5* Cheops-Pyramide, Ägypten (147 m) *6* Kolosseum, Rom (48,5 m) *7* Sequoia (ca. 100 m, Durchmesser des Stamms 9,5 m) *8* Schiefer Turm, Pisa (54 m) *9* UNO-Gebäude, New York (165 m, Breite 88 m) *10* Freiheitsstatue, New York (46 m, mit Sockel Gesamthöhe 93 m) *11* Mexikanische

Vom täglichen Leben

Unsere Welt ist voll von Überraschungen, Rätseln und Geheimnissen.
Sie stellt uns ungezählte Fragen. „Was ist das?“ und „Wie geht das?“ – so haben die Menschen vom ersten Augenblick an gefragt und geforscht.
Viele Fragen sind inzwischen beantwortet, viele Rätsel gelöst, doch es bleibt immer noch genug zum Entdecken übrig.
In den Bildern dieses Buches machen wir eine Entdeckungsreise. Mit Hilfe der Phantasie tauchen wir in die Vergangenheit, fliegen wir in die Zukunft, umkreisen wir wie mit einer Rakete die ganze Erde, um zu sehen, wie die Menschen leben, wo sie leben, wie sie arbeiten und wie sie sich vergnügen.

Pyramide, Teotihuacan (63 m, Breite 220 m) *12* Hochhaus mit 12 Geschossen (30 m) *13* Obelisk, Washington (169 m) *14* Münster zu Ulm (161 m) *15* Radioteleskop Jodrell Bank (ca. 70 m) *16* Pont du Gard, die Brückenbogen einer römischen Wasserleitung (49 m, Länge 275 m) *17* Riesenrad im Prater, dem berühmten Vergnügungspark von Wien (64 m) *18* Fernsehturm, Stuttgart (210 m).
In der Höhe links ein Stratosphärenballon zur Erforschung sehr großer Höhen, daneben ein Freiballon und oben ein Strahlflugzeug vom Typ VC 10. ☛ Bauwerke S. 195

8 **Verschiedene Hausformen**

Jedes Haus bietet auf seine Weise den Bewohnern Schutz und Bequemlichkeit. *1* Mehrstöckiges modernes Wohnhaus *2* Unterschlupf der Pygmäen, aus Zweigen und Blättern errichtet *3* Indianerzelt (Tipi) aus gegerbten Tierfellen *4* Wohnhöhle der Vorzeit *5* Behausung der Eskimos, aus Eiswürfeln errichtet (Iglu) *6* Norwegisches Blockhaus, auf einem Untergrund von Natursteinen aus Baumstämmen zusammengefügt *7* Holz-Steinhaus von den Färöer-Inseln *8* Baumhaus brasilianischer Indianer *9* Bauernhaus in der Schweiz mit flachem

Dach *10* Am Flußufer oder im Sumpfgebiet auf Pfählen errichtete Hütte in Venezuela *11* Eingeborenenhütte des Kirdi-Stammes in Afrika mit geflochtenem, spitz zulaufendem Dach *12* Tunesische gemauerte Häuser (Gaufas) *13* Zuckerhutförmiges Musgu-Gehöft aus gerilltem Lehm in Zentral-Afrika *14* Arabisches Beduinenzelt aus Tuch und Stangen errichtet, ein luftiger Sonnenschutz *15* Afrikanische Hütte im Bau, aus Zweigen gefertigt und mit Blättern gedeckt *16* Dorf der Pueblo-Indianer in Neu-Mexiko mit übereinandergetürmten Geschossen. ☛ Haus S. 201

10 **Alte Hafenstadt**

Eine Stadt in der alten Zeit hatte verschiedene Aufgaben. Sie bot ihren Bürgern vor allem durch die Mauern Schutz vor Angriffen. Diese Stadt am Meer hat außer den Mauern zum Land hin auch noch tiefe Wassergräben, und die wichtigen Eingänge sind durch befestigte Stadttore bewacht und gesichert. So können die Bewohner friedlich ihren Tätigkeiten nachgehen. Viele sind Handwerker und arbeiten vielleicht am Bau des Schiffes mit, das gerade entsteht. Andere sind Kaufleute und holen Waren aus dem Landesinneren oder

vom nahegelegenen Dorf. Diese Waren werden in der Stadt verkauft oder auf eines der Schiffe gebracht, das übers Meer zu anderen Städten und Ländern fährt. Im geschützten Hafen finden die Schiffe bei Sturm oder anderen Gefahren einen sicheren Ankerplatz. So gibt es viele Menschen, die in den Häusern und auf den Straßen der alten Stadt leben, miteinander sprechen und arbeiten. Innerhalb der Stadt drohte ihnen keine Gefahr. Das tägliche Leben bestand für die meisten in mühseliger Arbeit. Wie viele Menschen gibt es wohl auf dem Bild zu entdecken? ☞ Stadt S. 216

12 Allerlei Häuser

Auf der ganzen Welt gibt es Häuser, die untereinander sehr verschieden sind, weil hier oder dort die Menschen ganz anders leben und arbeiten, weil das Wetter am einen Ort heiß, an einem anderen kalt ist oder weil einmal viele, ein andermal nur wenige Menschen zusammenleben müssen. *1* Ein Palmenhaus in der Südsee *2* Ein Iglu, das aus Schneeplatten errichtete runde Haus der Eskimos *3* Ein Nomadenzelt in der Wüste; es muß luftig sein, und man muß es rasch abschlagen und anderswo aufbauen können *4* Chinesisches Hausboot, oft ist

7

8

9

10

11

12

es die Unterkunft der Ärmsten *5* Papierhaus in Japan *6* Ein finnisches Blockhaus. *7* Ein Zeltdorf der Indianer, damals, als Winnetou noch in der Prärie jagte *8* Mitteleuropäischer Bauernhof; viele solcher Bauernhäuser finden wir mit ihrem typischen Fachwerk in der norddeutschen Tiefebene *9* Hochhäuser in einer Großstadt Nordamerikas, es könnte zum Beispiel New York sein *10* Modernes Einfamilienhaus als Bungalow *11* Haus auf Rädern: die Heimat reisender Zirkuskünstler, der Artisten *12* Wohnwagen sind fahrbare Ferienhäuser für die ganze Familie. ☛ Haus S. 201

14 **Burg**

Eine Burg war im Mittelalter ein Zufluchtsort an einer schwer zugänglichen Stelle. Dahin konnte man sich in Kriegs- und Notzeiten zurückziehen. Diese Ritterburg hat einen inneren und einen äußeren Burghof. Der mächtige, hohe Turm am inneren Hof ist der Bergfried, er war meistens unbewohnt und bildete bei einer Belagerung die letzte Zuflucht. An ihn angebaut ist das Hauptgebäude (Palas), die Wohnung des Ritters mit seiner Familie sowie die Burgkapelle. Gesichert ist das ganze Anwesen einmal durch seine Lage, außerdem

durch die gewaltigen Mauern und die Wachttürme, das Tor und die Zugbrücke. Viele Städte sind an Orten entstanden, wo sich früher Fluchtburgen befanden, in welche sich die Bewohner der umliegenden Gehöfte und Dörfer bei Gefahr zurückzogen. Dann hat sich die Bezeichnung Burg noch im Ortsnamen erhalten, wie bei Würzburg. Andere Orte wurden rings um eine Burg errichtet, und später entstand daraus eine Stadt. So war das etwa bei Magdeburg. Die meisten Burgen wurden bis heute zerstört; manche sind aber noch bewohnt und zu besichtigen. ☛ Burg S. 197

Eine Stadt wächst

Vom Leben und vom Größerwerden einer Stadt: *1* Da gab es im weiten Land einen Rastplatz, mit einer Quelle, mit Holz für eine Feuerstelle. Hier schliefen Hirten und Jäger; wenn keine Menschen da waren, kamen auch die Tiere zur Wasserstelle. Eines Tages bleibt ein Reisender hier, läßt seinen Wagen stehen, baut sich ein festes Haus *2* Aus einzelnen Häusern entsteht eine kleine Siedlung mit allem, was nötig ist. Wasser wird in windgetriebenen Pumpen gefördert, es gibt Licht; im Winter gibt es Wärme und im Sommer Schatten *3* Jetzt ist

die Stadt schon groß geworden, wir sehen nicht nur Wohnhäuser und Ladengeschäfte, sondern auch Bürohäuser und qualmende Fabriken *4* Eine Großstadt von morgen mit gewaltigen Gebäuden, schnellen Straßen, einigen schönen, gepflegten Bäumen. Der Himmel aber ist dunkel geworden vom Qualm und Schmutz der Autos und der Fabriken, und die Berge sind hinter den Wolkenkratzern fast verschwunden. *Rechte Seite:* Schnitt durch eine Straße. Die Stadt wächst auch unter der Erde. U-Bahnen fahren hier ungehindert und schnell. ☛ Stadt S. 216

18 **Arbeit von Menschen und Maschinen**
Heute leisten wenige Menschen die gleiche Arbeit, für die früher viele Menschen schwer schaffen mußten. Auf der linken Seite sehen wir alte Handarbeit, auf der rechten moderne Maschinenarbeit *1* Unzählige Arbeiter an den *2* ägyptischen Pyramiden mußten die gewaltigen Quadersteine schieben und ziehen, bis ein Stein nach dem andern am Platz war. Heute kann in einem Baukran *(12)* ein Mann allein die größten Lasten bewegen *3* Wenn früher ein Wall errichtet wurde, mußten viele Menschen tagelang, jahrelang die Erde in Eimern und

Körben schleppen; ein einziger Räumbagger *(10)* zusammen mit einem Lastwagen *(9)* oder die gelenkigen Schaufelbagger *(7, 8, 13)* leisten heute das gleiche in kurzer Zeit *4* Die Baumstämme, die ein Elefantentreiber in Indien mit seinem Arbeitselefanten bewegte, sind für einen Traktor *(11)* ein Kinderspiel *5* Während früher eine Kette von Menschen eine Last von Hand zu Hand weitergehen ließ, geht das heute mit einem Förderband *(15)* fast von selbst *6* Der Flaschenzug ist heute durch Kräne *(12)* fast überflüssig geworden *14* Das Gelände wird vermessen. ☛ Bauarbeit S. 195

Alle möglichen Transportmittel
1 Eine einfache, aber sehr sinnvolle Arbeitshilfe: die Last wird auf Rollen gelegt und so weitergezogen *2* Altägyptischer Arbeitsschlitten, womit Statuen und Quader für den Bau der Pyramiden bewegt werden konnten; die Reibungshitze wurde mit Wasser bekämpft *3* Ein Maultier als Lastträger *4* Pferdebahn um 1900 in einer europäischen Großstadt *5* Tragestange in China *6* Fahnenträger *7* Holländische Wasserträgerin; es ist eine besondere Kunst, die beiden Eimer im Gleichgewicht zu halten *8* Trageschlitten für Weinfässer *9* Müllers-

knecht mit Mehlsack *10* Faßträger *11* Schubkarren *12* Lastkraftwagen *13* Lastkamele in der Wüstenkarawane *14* Gabelstapler in einem modernen Industriebetrieb *15* Rollwagen für kleine Gepäckstücke am Flughafen oder Bahnhof *16* Ein Briefbote zu Pferde aus alter Zeit *17* Eleganter indischer Reise-Elefant *18* Ein Reit-Yak in Bolivien *19* Eine von Pferden getragene Sänfte, wie sie früher in China üblich war *20* Rücken-Tragebrett in Mexiko *21* Wasserträgerin in Afrika *22* Rikscha in Ostasien *23* ,,Prärieschoner'' im Wilden Westen *24* Möbelwagen. ☛ Auto S. 194, Eisenbahn S. 197

22 **Kraftwerk als Energiequelle**
In den Kräften der Natur stecken unerschöpfliche Energiequellen. Praktisch genutzt wird bis heute fast nur die Kraft des Wassers in Wasserkraftwerken. Kraftwerke errichtet man am besten dort, wo die Naturkraft auftritt. Im Stausee *(linke Bildhälfte)* wird Wasser gespeichert und dann in unterirdischen Druckrohrleitungen zur Turbine geführt. Dort wird die Energie des herabstürzenden Wassers in elektrische Energie umgewandelt. Vom Maschinenhaus am Fuß der Staumauer wird der Strom über die Hochspannungsleitung den Städ-

ten und Dörfern zugeführt. – Beim Flußstauwerk *(rechte Bildhälfte)* wird die Energie des langsam strömenden Flußwassers ausgenützt. Das Maschinenhaus mit den Turbinen befindet sich im Strom selbst oder am Ufer. Elektrische Energie wird von der Eisenbahn benützt oder dient zur Beleuchtung von Häusern, Straßen und Städten. Schiff, Auto und Flugzeug verwenden Energie, die aus Öl gewonnen wird. Weil aber die Vorräte davon in naher Zukunft zu Ende gehen, arbeitet man heute daran, andere Naturkräfte, z. B. die Sonnenenergie, auszunutzen. ☛ Kraftwerk S. 205

24 **Kohle aus dem Bergbau**
Die Anlage eines Bergwerk in dem Steinkohle abgebaut wird. Oberirdisch gibt es die Über-Tage-Anlagen: das Schachtgebäude mit dem Förderturm, die Kraftzentrale, die Kokerei und die Halde, auf der die Kohle gelagert wird. Unterirdisch sieht man unregelmäßige, dunkle Streifen; das sind jene Schichten, die zwischen dem helleren, tauben Gestein die Kohle enthalten. Der Abbau erfolgt in den Unter-Tage-Anlagen: Der Hauptschacht, in dem alle Transporte von unten nach oben und umgekehrt abgewickelt werden. – Die

Füllörter, an denen die Kohle umgeladen wird. – Die Abbaustellen, an denen die Kohle herausgehauen wird. – Der Wetterschacht, durch den die Belüftung erfolgt. – Der Sumpf, wo sich alles Wasser sammeln muß. – Trotz aller vorsorglichen Sicherungen ist die Arbeit des Bergmanns sehr gefährlich: die Decken und Wände der Grubenbaue können einstürzen; Wasser kann plötzlich hereinbrechen; Gas in den Gruben kann bei Funkenbildung explodieren; oft ist es giftig.
Auch Erze, Salz oder besonderes Gestein wird im Bergbau gefördert. ☛ Bergbau S. 196

26 **Im Kaufhaus**

Häuser sind nicht nur zum Wohnen da. Man kann auch Häuser bauen, um Vorräte darin aufzuheben, um Unterricht zu halten, um Waren zu verkaufen. In einem Kaufhaus werden alle möglichen Dinge unseres täglichen Lebens zum Kauf angeboten, Dinge zum Essen, Anziehen, Wohnen, Spielen oder zum Vergnügen. Es gibt sogar ein Kaufhaus in England, wo man vom winzigen Hemdenknopf bis zum lebenden Elefanten aus Indien überhaupt alles kaufen kann, was man haben will; was nicht da ist, das wird dem Kunden nach Hause gebracht.

In einem durchschnittlichen Kaufhaus findet man unter einem Dach rund 100000 verschiedene Waren. Sie werden schön sichtbar aufgestellt, so daß sie verlockend aussehen. Unvorsichtige Käufer lassen sich dabei Dinge einreden, die sie gar nicht haben wollten. Wer einen kühlen Kopf behält, für den ist das Kaufhaus wie ein herrlicher Irrgarten, in dem man stundenlang spazierengehen kann, von der Lebensmittelabteilung im Untergeschoß über Rolltreppen von Stockwerk zu Stockwerk bis hinauf in das Café im Dachgeschoß, um immer Neues zu entdecken. ☛ Haus S. 201

28 **Auf dem Markt**

Auf einem Marktplatz kommen viele Menschen zusammen. Die einen bieten Dinge an, die sie durch ihre Arbeit erzeugt haben, andere kaufen diese Waren, dabei bezahlen sie mit Geld, das sie durch ihre Arbeit erworben haben. Eigentlich werden also auf dem Markt Tauschgeschäfte gemacht, und so sind früher die Marktplätze auch entstanden. Heute finden wir in unseren Städten vor allen Dingen den Wochenmarkt, wo es frische Lebensmittel zu kaufen gibt, oder es gibt in regelmäßigen Abständen oder auch zu besonderen Ge-

legenheiten besondere Märkte: den Jahrmarkt; einen Blumen-, Käse- oder Weinmarkt; einen Flohmarkt, wo es allen möglichen Plunder gibt. Zum Markt gehört auch, daß die Menschen zusammenkommen und Neuigkeiten austauschen können. Auch in diesem Bild sind Geschichten zu entdecken: die vom Gänsedieb und vom davonfliegenden Luftballon; von der verlorenen Kinder-Rassel und vom stibitzten Apfel; vom vergnügten Maler, von dem Mann, der vor Schrecken in Ohnmacht fällt und nicht einmal merkt, wie er den Hut verliert.

Freizeit und Sport

Spiel, Sport und Spaß gehören so gut wie die Arbeit zu unserem Leben. Das Bild zeigt einige der vielen Möglichkeiten, wie Menschen überall in der Welt, allein oder in Gemeinschaft, in der Familie oder im Sportverein, sich zu ihrem Vergnügen betätigen. Alle Menschen, die Kinder ebenso wie die Erwachsenen, sollten in der Freizeit eine passende Tätigkeit ausüben, wo sie die Kräfte ihres Körpers wirklich erproben und beanspruchen, denn Sport hält Körper und Seele gesund. Höchstleistungen um jeden Preis, Wettkämpfe mit

übermäßigen Anforderungen und Sport als Beruf können aber auch bleibende Schäden verursachen. – *1* Judo *2* Fußballspiel *3* Bergsteigen und Bergwandern *4* Baseball *5* Eishockey *6* Schwimmen *7* Langlauf *8* Rollschuhlaufen *9* Reiten *10* Basteln und Bau von Modellflugzeugen *11* Kanufahren *12* Golfsport *13* Tennisspiel *14* Rodeln *15* Bocciaspiel *16* Radwandern *17* Basketball *18* Ballonflug und Filmaufnahmen *19* Wandern *20* Fechten *21* Ballett tanzen *22* Spazierengehen, Tiere halten, Herumtollen *23* Rudersport *24* Abfahrtslauf. ☛ Sport S. 216

32 **Im Zirkus**

Am Eingang zum Zirkusgelände sind Verkaufsbuden aufgeschlagen. Die Zuschauer bezahlen an der Kasse das Eintrittsgeld und erreichen dann das große Zirkuszelt, das die rechte Bildseite beherrscht. In der Mitte des Zeltes ist der kreisförmige Platz (die Manege) für die Vorführungen dressierter Tiere und der Zirkuskünstler (Artisten), die von den Späßen der Clowns unterbrochen werden. Rings umher steigen die Zuschauerplätze terrassenförmig an, damit man die Kunststücke von überall gut sehen kann. Ein großes Zirkuszelt

kann ohne weiteres 5000 Zuschauer fassen. Der Wanderzirkus ist von Ort zu Ort unterwegs. Menschen und Tiere sind in Wagen untergebracht. Die Artisten haben ihre Wohnwagen, die Raubtierwagen sind als Käfige vergittert, die anderen Tiere, die gleichsam einen reisenden Zoo bilden, werden in der Menagerie – das längliche Zelt im Hintergrund – gezeigt. Großtiere, wie die Giraffe, kann man in ihrem Gehege anschauen, auf zahmen Tieren – hier sind es Elefanten – dürfen Kinder sogar reiten. Im Winter macht der Zirkus eine Pause oder spielt in einem festen Haus. ☛ Zirkus S. 221

34 **Zoologischer Garten**

Wir nennen ihn auch Tiergarten, Tierpark oder einfach nur Zoo. Hier können wir einheimische und viele fremdländische Wildtiere im freien Gelände, hinter Wassergräben oder Zäunen, in großen Käfigen oder in einem besonderen Tierhaus (Vivarium) betrachten. Ursprünglich dienten Tiergärten allein zur Unterhaltung der Zuschauer. Es gab in alten Zeiten bereits Tiergärten in China, Raubtierkäfige bei den Römern, Vogelkäfige in Mexiko. Könige und Fürsten liebten es in früheren Zeiten, Hirschparks, Fasanengärten oder Bären-

zwinger zu besitzen. Den ersten öffentlichen Tierpark errichtete man 1752 in Schönbrunn bei Wien. Heute gibt es auf der ganzen Welt mehr als 500 Zoologische Gärten. Hier bekommen die Tiere viel Platz, damit sie sich wohlfühlen können, und ihre ganze Umgebung soll möglichst ähnlich sein wie ihre ursprüngliche Heimat. Harmlose Tiere dürfen sogar frei herumlaufen. Tierforscher können im Zoo die Tiere beobachten, um ihre Lebensweise besser zu verstehen. Auch werden im Zoo alle jene Tiere geschützt, die in der freien Wildnis immer mehr aussterben. ☛ Zoo S. 221

36 **Bilder vom täglichen Leben**

Welche Unterschiede zwischen früher und heute! *1* Gesundheit und Sauberkeit gehören zusammen. Uns ist Körperpflege leicht gemacht *2* Bauernarbeit war schwere Handarbeit von früh bis spät. Maschinen machen jetzt mehrere Arbeitsgänge in einem *3* Nachrichten wurden früher umständlich weitergegeben, Lesen war eine seltene Kunst. Heute haben wir Radio, Telefon, Zeitungen und Fernsehen *4* Wer einst Vorräte haben wollte, mußte dafür etwas tun. Wer heute im Supermarkt einkauft, ahnt davon nichts mehr.

Über Land und Meer

Die Menschen möchten zusammenkommen.
Sie haben Pfade aus den Urwäldern herausgehauen.
Gebirge überschritten, Bäche und Flüsse mit Brücken
und die Meere mit Schiffen überwunden.
Sie haben vielerlei Fahrzeuge für das Land
und für das Wasser konstruiert, um noch rascher
und leichter von einem Ort zum andern zu kommen.
Die ganze Erde ist heute erreichbar,
und nun zeigt es sich auch ganz deutlich,
daß alle Menschen aufeinander angewiesen sind.

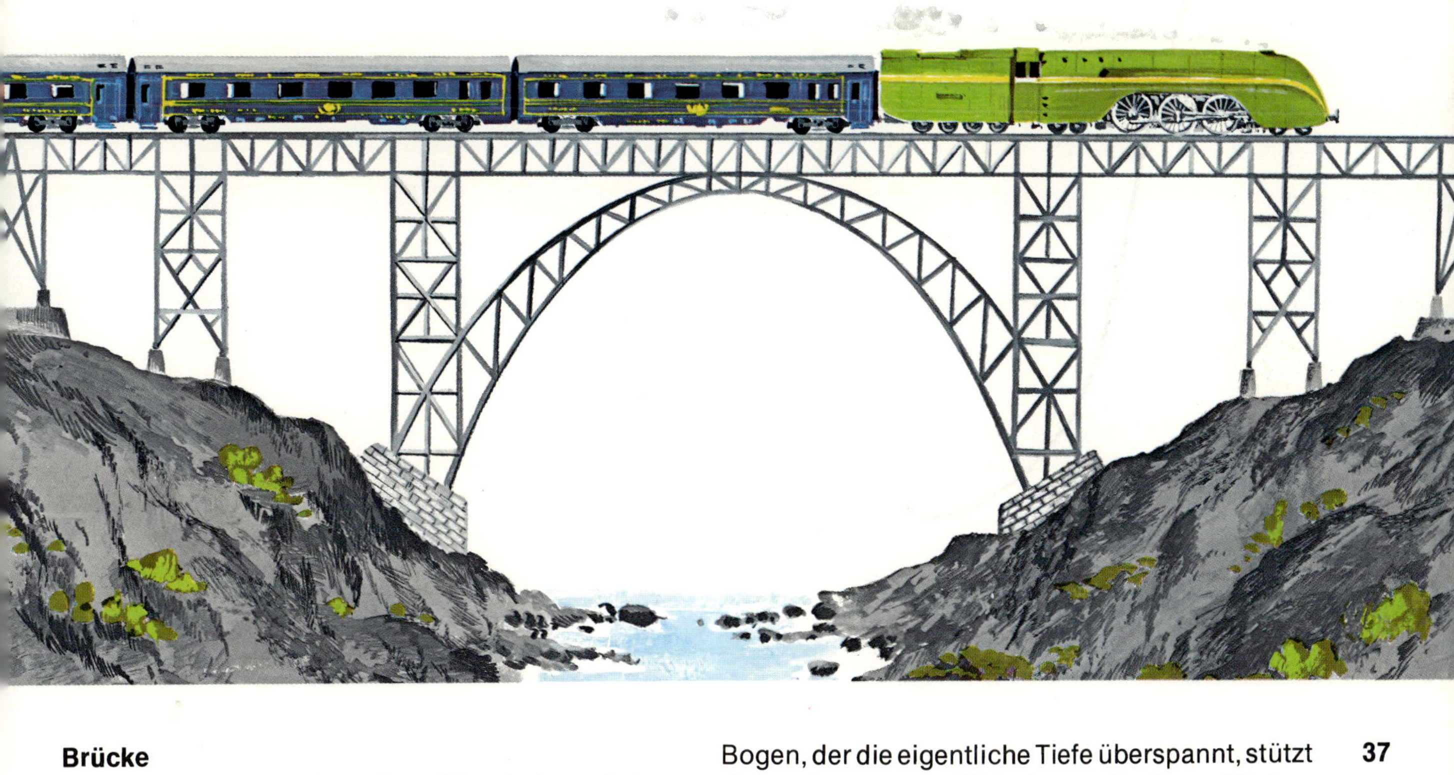

Brücke
Diese Stahlbrücke für den Eisenbahnverkehr überquert die Schlucht in einer Fachwerkkonstruktion, bei welcher die einzelnen Teile gegeneinander versteift sind. Die senkrechten Pfeiler der Zufahrt ruhen auf betonierten Fundamenten. Der Bogen, der die eigentliche Tiefe überspannt, stützt sich auf gemauerte Widerlager, die den seitlichen Druck aufnehmen. Auf der Brücke fährt eine ältere französische Dampflokomotive in Stromlinienform mit Kohlefeuerung, die Wagen sind internationale Schlafwagen. ☛ Brücke S. 196

1

2

3

38 **Allerlei Brücken**
Brücken überqueren Hindernisse wie Meerengen, Flüsse, Schluchten oder Straßen. Man unterscheidet Brücken entweder nach der Aufgabe, der sie dienen (Fußgängerbrücke, Eisenbahnbrücke), oder nach dem verwendeten Material (Holzbrücke) oder nach der Form (Bogenbrücke) *1* Beispiel einer Hängebrücke. Die Fahrbahn hängt an mächtigen Ketten oder Stahltrossen zwischen den Pfeilern. Die berühmteste Hängebrücke ist die Golden-Gate-Bridge bei San Franzisco *2* Aus Lianen geflochtene Brücke im afrikanischen Urwald

4

3 Gedeckte Holzbohlenbrücke *4* Gemauerte Bogenbrücke. – Die längsten Brücken (mit Baujahr): Brücke über den Pontchartrain-See (USA) 38600 m (1956) – Chesapeake-Bay-Brücke (USA) 19000 m (1963) – Oosterschelde-Brücke (Niederlande) 5020 m (1965) – Verrazano-Narrows-Brücke (USA) 4170 m (1965) – East-Bay-Brücke (USA) 3600 m (1936) – Storstrømsbrücke (Dänemark) 3200 m (1937) – Viaduc d'Oléron (Frankreich) 2862 m (1966) – Oakland-Brücke (USA) 2800 m (1936) – Firth-of-Forth-Brücke (Schottland) 2466 m (1889). ☛ Brücke S. 196

Rollende Räder
1 Laufrad des Herrn von Drais 1815 *2* Kinderdreirad *3* Kinderspielreifen aus Holz oder Plastik *4* Lenkbares Sitzrad, 1839 *5* Modernes Fahrrad *6* Amerikanisches Einrad um 1880 *7* Moderne Rollschuhe *8* Rennrad von 1882 *9* Kinder-Dreirad um 1900, Sitz in Pferdeform *10* Moderne Motorrad-Schutzkleidung *11* Französisches Zweirad mit Vollgummireifen 1892 *12* Fahrrad mit 5 Sitzen 1898 *13* Erste Versuche mit Rollschuhen *14* Einfacher Kinder-Roller *15* Moderne Renn-Motorräder mit stromlinienförmiger Verkleidung, *16* auch mit

Seitenwagen *17* Pedal-Fahrrad von Hanton *18* Doppelsitzer mit vier Rädern, Ende 19. Jahrhundert *19* Sicherheitsfahrrad von Otto 1879 *20* Kinderdreirad *21* Kinder-Roller *22* Elektromofa: ein Motor-Fahrrad mit elektrischem Antriebsmotor *23* Radrennfahrer *24* Artisten auf Rädern: mit dem Fahrrad auf dem Hochseil; Motorradsprung durch den Feuerreif; Einradkünstler als Jongleur mit Bällen; Gleichgewichtskunststücke einer Künstlertruppe auf dem fahrenden Spezialrad. Jeder weiß, wie schwierig des Gleichgewicht auf einem Fahrrad zu halten ist! ☞ Rad S. 211

Wagen fahren

Mit Räderfahrzeugen aller Art gelang es im Lauf der Zeit, Menschen und Dinge immer bequemer und schneller von einem Ort zum andern zu schaffen. Das Bild zeigt einige Beispiele: *1* Alter ägyptischer Kampf- und Jagdwagen *2* Römischer Kampfwagen aus der Kaiserzeit *3* Derbe Überlandkutsche zu Anfang des 17. Jahrhunderts *4* Das Cab: ein englischer leichter Einspänner mit zwei Sitzplätzen, der Kutscher sitzt dahinter *5* Eine Bastardelle; ein vornehmer Reisewagen für Privatleute *6* Von Pferden gezogener Omnibus (1860) *7*

Eine Berline: viertüriger Stadtwagen des Adels, Anfang des 19. Jahrhunderts *8* Dampfwagen von Cugnot (1769) *9* Kohlebefeuerter Straßen-Dampfwagen von John Squire und Francis Maceron (1883) *10* Dampfautomobil von de Dion, Bouton und Trepadour (1885) *11* Benzinkutsche von Daimler, das erste „richtige" Auto (1886). Der Einzylinder-Motor steht zwischen den beiden Sitzbänken *12* Renault-Limousine (1910) *13* Rolls-Royce Stadt-Coupé (1910) *14* Aerodynamische Limousine von Alfa Romeo (1913) *15* Rennwagen von 1916 (Prototyp) ☛ Auto S. 194

44 Alte und neue Lokomotiven

Die Lokomotive ist ein Schienenfahrzeug, das in der Regel mit Elektrizität, Dampf oder Dieselkraftstoff betrieben wird. Die Erfindung stammt vom Anfang des 19. Jahrhunderts. Seither wurden sehr verschiedenartige Lokomotiven erbaut und benützt, um die Züge schneller fahren zu lassen. Das Bild zeigt: *1* „Planet", Dampflokomotive von Stephenson 1830 *2* Weiterentwickelte Lokomotive von Stephenson 1850 *3* Amerikanische Dampflokomotive Typ 4-4-0 „Santa Fé" 1868 *4* Rangierlokomotive (DB) *5* Schnellzuglokomotive Baureihe

E 10 der DB *6* Elektrische Lokomotive CC 7100 (SNCF) *7* Dieselelektrische Lokomotive Alco mit 2000 PS (Santa Fé) *8* Der schweizerisch-niederländische TEE (Trans-Europ-Express), ein besonders schneller Gliederzug mit Dieselantrieb *9* Schnellzuglokomotive Baureihe 01 C1 der DB *10* Diesellokomotive V 200 (DB) *11* Schweizerische elektrische Schnellzuglokomotive Ae 6/6 mit Personenwagen 1. Klasse *12* Amerikanische GG-1-Maschine der Pennsylvania Railroad *13* Entwurf zu einem Ein-Schienen-Fahrzeug (Alweg-Bahn).

☞ Eisenbahn S. 197

46 **Moderne Eisenbahnwagen**

1 D-Zug-Wagen Erster Klasse der Deutschen Bundesbahn (DB) *2* Speisewagen der Deutschen Schlafwagen- und Speisewagen-Gesellschaft (DSG) *3* Kombinierter Post- und Gepäckwagen der DB, davor Gabelstapler zur zügigen Verladung von Gepäckstücken und Ladegut *4* Autotransport-Wagen der S. I. T. F. A. (Turin/Italien). Solche Waggons werden auch für Auto-Reisezüge verwendet *5* Getreidewagen der Schweizerischen Bundesbahn (SBB bzw. CFF bzw. FFS) *6* Kesselwagen (z. B. für Benzintransport) der DB *7* Früch-

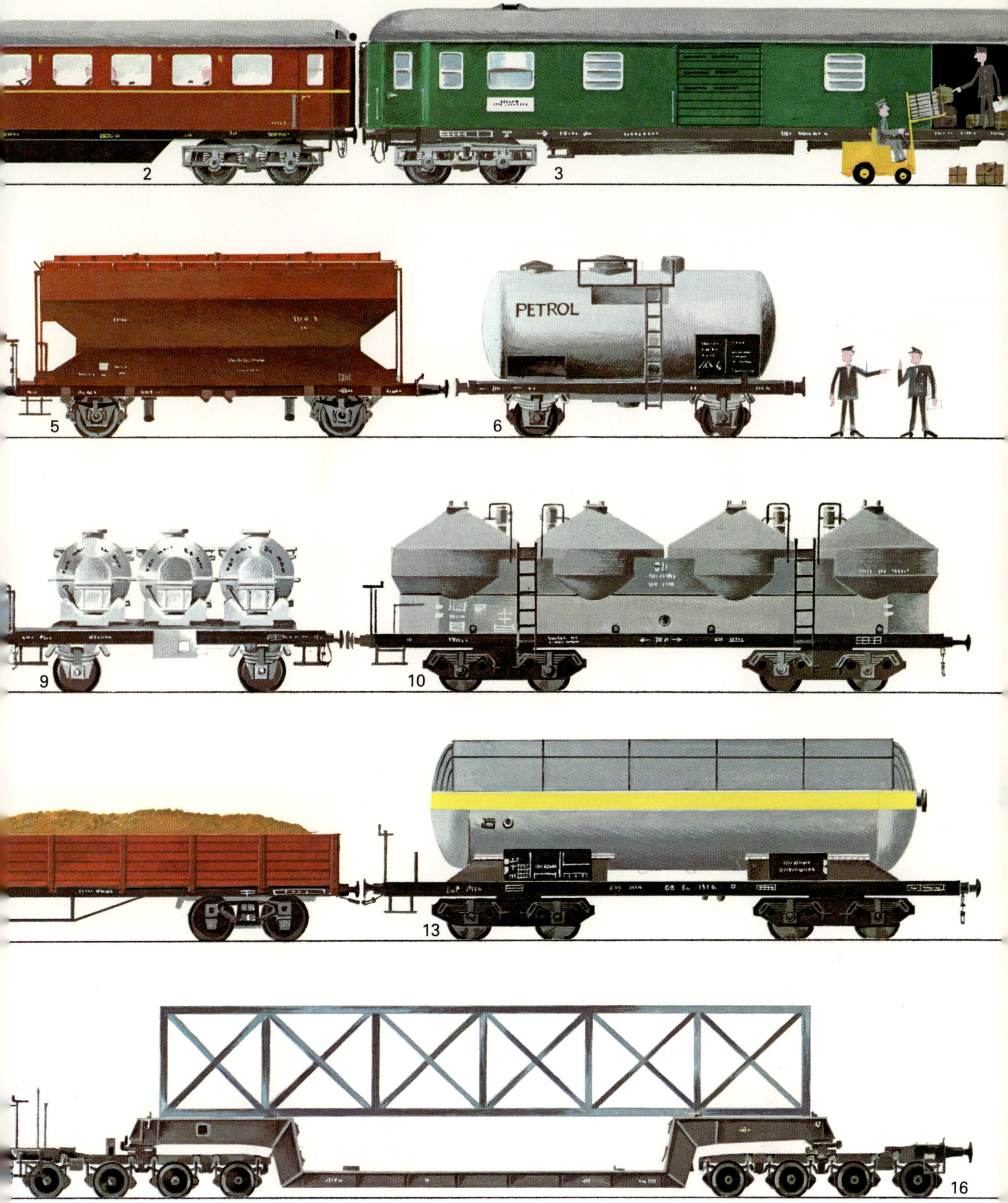

tewagen zum Transport von Obst *8* Großraumkesselwagen *9* Behälter-Tragwagen *10* Fein-Schüttgut-Transportwagen (alle DB) *11* Gedeckter Güterwagen *12* Offener Güterwagen *13* Druckgas-Kesselwagen (internationale Modelle) *14* Zementwagen *15* Flachwagen *16* Tiefladewagen (alle SBB). Güterwagen dienen dazu, den Austausch von Gütern innerhalb eines Landes und über die Grenzen hinweg von Land zu Land leicht und schnell zu ermöglichen; die Kupplungen bei den Waggons der verschiedenen Länder müssen aber dabei zueinander passen. ☞ Eisenbahn S. 197

48 Autos aller Art

Auto ist die Kurzform des Wortes Automobil; damit bezeichnet man einen Kraftwagen. Dieses Straßenfahrzeug mit mindestens drei, meistens vier und mehr Rädern wird in der Regel von einem Verbrennungsmotor angetrieben.

Das Bild zeigt einige kennzeichnende Beispiele aus der Entwicklung der Kraftwagen. Das äußere Bild der Autos ändert sich rasch, da jedes Jahr neue Modelle entwickelt werden. *1* Benz 1894 *2* De Dion-Bouton 1904 *3* Rolls Royce 1907 *4* Cadillac 1904 *5* Bugatti 1910 *6* Mercer 1902 (alles Oldtimer).

7 Citroën 2 CV *8* Volvo *9* Ford Mustang *10* BMW 2000 *11* Ford Taunus *12* Jaguar *13* Citroën ID (bzw. DS) mit Wohnwagen. *14* Volkswagen „Käfer" *15* Austin Mini 850 *16* Honda Rennwagen Formel II *17* Tankwagen *18* teils zweistöckiger Stadtbus *19* Fiat 1100 *20* Reisebus *21* Gelenkbus mit drei Achsen für den Stadtverkehr. – Die Zunahme der Autos in der ganzen Welt erfolgt geradezu stürmisch, und sehr schwierige Probleme entstehen überall dort, wo Straßen und Städte die Flut von Fahrzeugen nicht mehr aufnehmen können. ☛ Auto S. 194

Arbeit am Fließband

Wie ein Auto heute Schritt für Schritt in der Fabrik zusammengesetzt wird (vereinfachte Darstellung): *1* Stahlblech wird in riesigen Pressen zu Türen, Kotflügeln, Motorhauben und anderen Blechteilen gestanzt und geformt *2* Die Einzelteile werden zusammengeschweißt *3* Von Transportbändern oben am Dach der Montagehalle wird das Oberteil genau über das Unterteil geführt *4* Radabdeckungen, Türen, Motor- und Kofferraumhauben sind einzubauen *5* An mehr als 8000 Punkten muß geschweißt werden *6* Lackieren durch Ein-

tauchen in *3*–7 Lackschichten *7* Durch das Trocknen wird der Lack hart und glänzend *8* Hunderte von Einzelteilen enthält das Auto, vom Scheinwerfer bis zum Türschloß, vom Aschenbecher bis zum Sicherheitsgurt. Der Einbau des vorgefertigten Motors ist Präzisionsarbeit *9* Zwei Bänder kommen zusammen: von oben kommt der Wagenkörper, von unten das Fahrwerk *10* Einbau der Sitze *11* Endkontrolle des gesamten Wagens auf dem Prüfstand *12* Abschließende Ganzwäsche, der Lack wird dabei schmutzabweisend gemacht *13* Hinaus auf die Straßen! ☛ Auto S. 194

Ein modernes Kreuzfahrtschiff

1 Kommandobrücke *2* Kartenraum *3* Funkstation *4* Wohnräume der Offiziere *5* Kesselschacht *6* Brandschutzraum *7* Kapitänskajüte *8* Offizierskajüten *9* Theater- und Kinosaal *10* Night-Club *11* Bar *12* Veranda *13* Clubraum *14* Treppen für Passagiere *14a* Treppen für Mannschaft *15* Schreib- und Leseraum *16* Andachtsraum *17* Boutique *18* Toiletten *19* Bar *20* Büro *21* Post *22* Kabinen *23* Luxusappartements *24* Spielzimmer *25* Dusche *26* Klima-Anlage *27* Damensalon *28* Herrenfriseur *29* Gepäckpforten *30* Mannschafts-Waschräume *31* Bäder *32* Speisesaal *33* Konditorei, Bäckerei *34* Hauptküche *35* Quergang *36* Mannschafts-Auf-

enthaltsraum *37* Kettenkasten *38* Ersatzteillager *39* Kompressorraum *40* Mannschafts-Kabinen *41* Druckerei *42* Mannschaftsküche *43* Speiseräume der Mannschaft *44* Krankenzimmer *45* ärztlicher Behandlungsraum *46* Wäscherei *47* Rudermaschinenraum *48* Gepäckraum *49* Elektrowerkstatt *50* Schlosserwerkstatt *51* Vorräte und Getränke *52* Gymnastikraum *53* Laderäume für Kühlgut *54* Allgemeine Laderäume *55* Vorratsraum *56* Öltanks *57* Laderäume *58* Fleisch-Kühlräume *59* Schwimmbad *60* Weinkeller *61* Wellentunnel *62* Hauptmaschinenraum *63* Hilfsmaschinenraum *64* Stabilisatorenraum *65* Seewasserverdampfer *66* Süßwassertanks *67* Bodentanks. ☞ Schiff S. 213

 Alte Schiffe

1 Wikingerschiff (Langschiff) des 10. Jahrhunderts mit Drachenkopf, Besegelung und 30 Rudern *2* Ruderboot von Eingeborenen in der Südsee *3* Ruderboot aus unserer Zeit *4* Floß mit Segel *5* Kogge der deutschen Hanse aus dem 14. Jahrhundert *6* Chinesische Dschunke mit Faltsegel *7* Ägyptisches Seeschiff (ca. 1500 v. Chr.) *8* Griechisches Ruderschiff (Bireme) mit zwei Reihen von Rudern (ca. 500 v. Chr.) *9* Römische Galeere mit drei Ruderreihen und erhöhtem Gefechtsstand. An den Rudern waren Gefan-

gene, Sträflinge oder Sklaven (1. Jh. v. Chr.) *10* Römisches Handelsschiff aus der gleichen Zeit. *11* „Santa Maria", wie sie Kolumbus benutzte, als er zu den Gewürzinseln aufbrach, aber Amerika entdeckte *12* Die „Nina" aus der Flotte von Kolumbus bei seiner großen Entdeckungsreise glich dieser Karavelle des frühen 15. Jahrhunderts *13* „H.M.S. Victory", das Flaggschiff der britischen Flotte in der Seeschlacht von Trafalgar, wo Admiral Nelson den Sieg über die vereinigte französisch-spanische Flotte errang, aber selbst den Tod fand. ☛ Schiff S. 213

56 Im Hafen

Ein Hafen ist ganz allgemein ein vor Wind und Wetter geschützter Anlegeplatz für Schiffe. Das Bild zeigt im besonderen jene Anlagen, die für den Transport von Waren erforderlich sind, denn viele Güter und Nahrungsmittel werden mit Frachtschiffen über die Meere gebracht. Die Ufer, an denen die Schiffe festmachen, sind gemauert (Kaimauern). Im Hintergrund sieht man eine solche Uferfront mit Lagerschuppen für kurze Lagerung eintreffender oder abgehender Waren, ferner Speicher für längere Lagerung sowie silberglän-

zende Öltanks. Große fahrbare Kräne übernehmen die Güter vom Land zum Schiff und umgekehrt, viele Frachtschiffe haben aber auch eigenes „Geschirr“, also Ladebäume und Ladewinden, mit denen sie laden und „löschen“ (ausladen) können. Im Vordergrund sieht man noch einmal eine breite Schuppenrampe, auf der Schwergut abgestellt werden kann; Lastwagen können unmittelbar Fracht übernehmen, und Güterwagen der Bahn haben einen eigenen Gleisanschluß. Der Gabelstapler entlastet die Arbeiter von schwerer Arbeit im Kai- und Schuppenbetrieb. ☞ Hafen S. 201

58 **Schiffe aus unserer Zeit**

1 Der große eiserne Schaufelraddampfer ,,Great Eastern'', Baujahr 1858 *2* Moderner Ausflugsdampfer mit Schaufelradantrieb *3* Mississippi-Steamer aus dem Beginn des 19. Jahrhunderts mit Schaufelradantrieb am Heck *4* Fünf-Mast-Segler ,,Preußen'', Baujahr 1902, darunter moderne Segeljolle für den Sportsegler *5* Passagierdampfer ,,Mauretania'', Baujahr 1907 *6* Mesoscaphe: Unterseeboot für Ausflugsfahrten *7* Bathyscaphe: Unterseeboot für wissenschaftliche Forschungen; mit ihm wurde die bisher größte Tauchtiefe von

mehr als 10000 m erreicht. *8* Mittelgroßer moderner Öltanker *9* Schlepper zum Einsatz im Hafengebiet *10* Kühlschiff für den Transport von Nahrungsmitteln *11* Feuerschiff *12* Großer moderner Passagierdampfer, darunter ein Rennboot für den Wassersport *13* *Jacht* *14* Luftkissenfahrzeug *15* Tragflügelboot *16* Moderner Flußdampfer für größere Ausflugsfahrten *17* Schleppkahn mit Dieselmotorantrieb *18* Amerikanisches Atom-Unterseeboot *19* PX 15: Unterseeboot für wissenschaftliche Forschungen. An Land rechts außen ein Leuchtturm. ☛ Schiff S. 219

60 **Transport mit Containern**

Container sind einfach große Behälter. Aber sie sind so konstruiert, daß sie rasch und bequem mit ganz verschiedenen Fahrzeugen befördert werden können. So müssen die Waren nicht eingepackt, umgepackt, ausgepackt und bei jedem neuen Transportweg neu verstaut werden, sondern der Behälter mit seinem Inhalt wandert einfach von Ort zu Ort weiter. Zuerst wird er gefüllt und dann mit Spezialfahrzeugen auf der Straße zum Hafen gebracht. Der Kran hebt die von überall her eintreffenden Container auf das Frachtschiff.

Ein mittleres Containerschiff faßt etwa 1200 Behälter, ein großes kann bis zu 3000 Container aufnehmen. Für Containerschiffe wurden besondere Hafenanlagen errichtet. Nach der Fahrt über das Meer zwischen Europa, Amerika, Ostasien und Australien wird das Schiff rasch entladen, und die Behälter können mit der Eisenbahn bis vor die Tür des Empfängers gebracht werden. So entsteht eine ununterbrochene Transportkette, bei der sehr viel harte Arbeit nicht mehr allein von den Menschen, sondern mit Hilfe von Maschinen geleistet wird. ☛ Schiff S. 219

62 **Fährboote und -schiffe**
Von oben nach unten: Fährboot bei der Überquerung eines Flusses. Der Antrieb eines solchen Bootes kann mit Rudern oder mit einem Motor erfolgen. Diese Fährboote sind heute selten, früher aber waren sie an den Flüssen allgemein üblich. – Treidelfähre: Sie ist an Seilen und Ketten befestigt und wird durch das fließende Wasser seitwärts angetrieben. – Trajekt: Solche großen Fährschiffe überqueren Wasserstraßen, die für Brücken zu breit sind. Sie können auch Eisenbahnzüge ohne Schwierigkeit aufnehmen. ☞ Fähre S. 198

Hinauf in den Luftraum

Seitdem es Menschen gibt, träumen sie davon, daß sie wie die Vögel fliegen lernen. Die uralte Sage von Dädalus und seinem Sohn Ikarus erzählt von dem Künstler, dem es gelang, Flügel zu bauen und emporzuschweben. Aber sein Sohn fand dabei den Tod. Erst verhältnismäßig spät gelang es dann wirklich, jene Geräte zu schaffen, mit denen sich Menschen in die Luft erheben können. Das eine waren die Ballone, die mit heißer Luft oder Gas gefüllt wurden und deshalb „leichter als Luft" waren. Das andere war das Fliegen „schwerer als Luft" nach dem Beispiel der Vögel. Das gelang mit den Flugzeugen, die heute nicht nur größte Höhen erreichen, sondern auch mehrfach schneller als der Schall fliegen können.

Fluggeräte
Oben: Fesselballon Baujahr 1900. Der Ballon war durch ein dünnes Drahtseil mit dem Erdboden verbunden und diente zur wissenschaftlichen Erkundung, militärischen Aufklärung und Verteidigung. *Unten links:* Dampfwinde zur Befestigung und zum Herabholen des Ballons. Rechts daneben ein moderner Höhenballon, beladen mit Instrumenten zur Erforschung der Lufthülle der Erde. *Rechts:* Weitbereichsradargerät, insbesondere für die Überwachung des Flugverkehrs von heute unentbehrlich. ☛ Ballon S. 194

64 **Ballone**

Ein Ballon ist ein luftdichter mit Gas gefüllter Ball, der leichter ist als Luft. Zu den leichten Gasen gehören Wasserstoff, Leuchtgas und Helium. Ballone werden vom Wind getrieben, sie können nicht gelenkt werden. *1* Heißluftballon von Jacques-Etienne und Joseph-Michel Montgolfier, nach den Erbauern auch Montgolfière genannt, aus dem Jahre 1783. *2* Heißluftballon von V. Lunardi. Erster Ballonaufstieg 1784 in England. *3* Moderner Heißluftballon Vulcoon (USA) *4* Ballonflug von E. Godard 1850 mit fünf zusammengekoppelten

Ballonen. *5* Spielzeugballone, links bemalt und durch Heißluft zum Schweben gebracht, rechts aus dehnbarem Gummi und mit Gas gefüllt. *6* Moderner deutscher Ballon, mit Gas gefüllt. Am Korb und auf der Erde Sandsäcke als beschwerende Beiladung (Ballast), soll der Ballon höher steigen, muß man Sand abwerfen, will man tiefer gehen oder landen, wird das Gas abgelassen *7* Höhenballon des schweizerischen Forschers A. Picard zur wissenschaftlichen Erkundung großer Höhen. Seine erreichte Gipfelhöhe betrug im Jahr 1932: 16940 m. ☛ Ballon S. 194

66 **Luftschiffe**
Ein Luftschiff besteht aus einer mehr oder weniger starren Leichtbaukonstruktion und einer gasdichten Hülle mit Füllung aus leichten Traggasen; dadurch ist es leichter als Luft und kann somit vom Boden emporschweben, der Antrieb durch einen Motor bewegt das Fahrzeug dann in die gewünschte Richtung. Es hat also typische Eigenschaften des Ballons und des Flugzeugs und nimmt zwischen diesen beiden Luftfahrzeugen eine mittlere Stelle ein. *1* Luftschiff der Schweizer Waffenschmiede Egg und Pauly von 1815. Die

Vorstellung, man könnte das fischförmige Fahrzeug so wie ein Boot im Wasser nunmehr in der Luft mit Rudern vorwärtsbewegen, stellte sich als irrig heraus. *2* Luftschiff von Giffard 1852, angetrieben von einer kleinen Dampfmaschine. *3* Luftschiff von Santos-Dumont 1898, angetrieben von einem Benzinmotor mit Luftschraube. *4* Luftschiff LZ 127 „Graf Zeppelin" aus dem Jahr 1928 mit Motorgondeln nebst Luftschrauben und geräumiger, getrennter Passagiergondel vor der gewaltigen Luftschiffhalle. Ein solches Luftschiff flog ungefähr 130 km schnell. ☛ Luftschiff S. 207

Flugzeuge aller Art

1 Fluggleiter von O. Lilienthal, 1890 *2* Flugapparat von C. A. Satory, 1890 *3* Erstes brauchbares Flugzeug von O. und W. Wright, 1903 *4* Doppeldecker von H. Farman, 1907 *5* Hochdecker von L. Blériot, 1910 *6* Atlantikflug 1927 von Charles Lindbergh *7* Vielzweckflugzeug Ju 52 von H. Junkers *8* Amerikanisches Wasserflugzeug aus den 30er Jahren *9* Sportflugzeug Cessna 336 Skymaster, 1962 *10* Modernes Segelflugzeug *11* Flugboot Do X von C. Dornier, 1929 *12* Flugboot von Savoia-Marchetti, ca. 1930 *13* Nordpolflug 1926

von R. E. Byrd *14* Nurflügelbomber Northrop XB-35, 1946 *15* Verkehrsflugzeug DC-3 *16* Ein-Mann-Hubschrauber *17* Hubschrauber Sikorsky S-58 *18* Hubschrauber Focke Achgelis Fw 61 *19* Tragschrauber von R. Hafner, 1937 *20* Transportflugzeug Transall *21* Senkrechtstarter Hawker P 1127 *22* Curtiss Wright X-19 A *23* Ringflügelflugzeug (Coleopter) *24* Versuchsflugzeug X-15 *25* Verkehrsflugzeug Caravelle *26* Geschäftsflugzeug Lear Jet *27* Boeing 720 *28* Düsenjäger Saab *29* Concorde, ein Überschallpassagierflugzeug. ☛ Flugzeug S. 199

70 **Weltraumfahrt zum Mond**
Der Ablauf des erfolgreichen Weltraumunternehmens Apollo mit dem Ziel der Mondlandung. Links: Das Raupenfahrzeug transportiert die 119 m hohe Saturn-V-Rakete samt Wartungsturm zum Startplatz. Rechts: Oben Raumschiff Apollo mit Mondlandefähre, daneben oben Flugweg des Raumschiffes zwischen Erde und Mond, darunter Kommandokapsel mit drei Raumfahrern, daneben Astronauten in Raumfahrt- und Mondanzug. Darunter der Ablauf des Unternehmens in den wichtigsten Schritten. ☛ S. 72, Weltraumfahrt S. 220

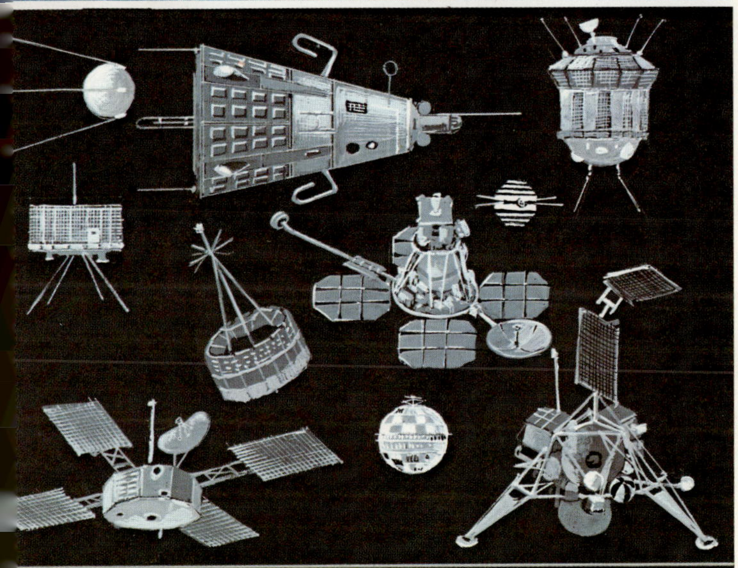

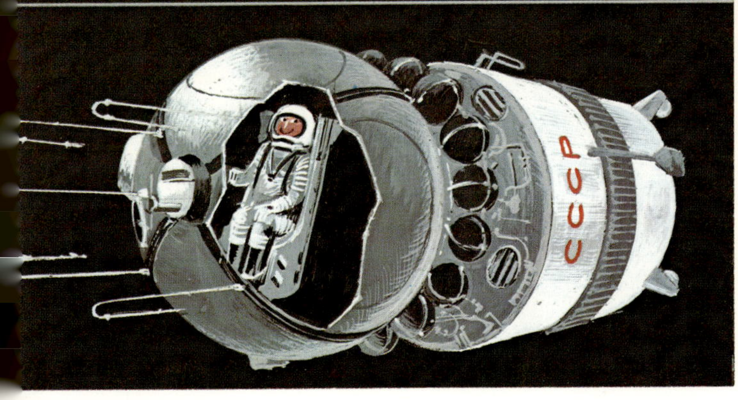

Rakete
Links von oben nach unten: Gemini-Raumfahrzeug (im Vordergrund) mit Raketenstufe sowie einem Agena-Triebwerk. – Astronaut nach dem Verlassen der Gemini-Kapsel. – Raumflugkörper. *Obere Reihe:* Sputnik I, Sputnik III, Lunik III; *mittlere Reihe:* Wettersatellit Tiros, Forschungssatellit HEOS, Mondforschungsfahrzeug Lunar Orbiter, Satellit A 1; *untere Reihe:* Raumsonde Mariner, Nachrichtensatellit Telstar, Mondsonde Surveyor. – Raumfahrzeug Wostock. *Rechts:* Titan II mit Gemini-Kapsel. ☛ Weltraumfahrt S. 220

72 **Raumfahrzeuge aller Art**

1 Start einer Saturnrakete, die erste und *2* die zweite Stufe wird abgetrennt *3* Die dritte Stufe mit Apollo-Kapsel *4* fliegt weiter. *5* Apollo-Kommandokapsel und *6* Mondlandefahrzeug aneinandergekoppelt bei 7 beginnt Mondumkreisung *8* Anflug zur Landung *9* gelandet *10* Nach Start zum Heimflug steigen die Astronauten in die Kommandokapsel *11* Rückflug *12* Vor Eintritt in die Atmosphäre wird Antriebsteil abgestoßen und Kommandoteil gedreht, *13* die stumpfe Spitze glüht durch die Reibungshitze dunkelrot auf

14 schließlich landet die Kapsel an riesigen Fallschirmen. *15* Gemini-Raumfahrzeuge bei einem Kopplungsmanöver *16* Ein Nachrichtensatellit zwischen Sende- und Empfangsstation *17* Wetter-Satellit Tiros *18* Raumsonde Ranger *19* Satellit OSO zur Stern-Beobachtung *20* Mondsonde Luna *21* Entwurf für ein Raumschiff, das *22* zum Mars fliegen soll *24* Entwurf für ein Weltraumlaboratorium mit *23* Versorgungsraumschiff *25* Raumsonde Mariner *27* Raumsonde auf dem Weg *26* zur Venus *28* Der russische Erdsatellit Sputnik I. ☞ Weltraumfahrt S. 220

1

2

3

74 Expedition zum Mars

Für das Leben außerhalb der Erde ist der Mensch nur unvollkommen ausgerüstet. Er braucht viele Geräte und Hilfsmittel, wenn er die Erde verläßt. Doch gibt es heute bereits schon zahlreiche Entwürfe für Raketen und Raumstationen, mit denen in der Zukunft das Weltall durch den Menschen erkundet werden könnte. Davon berichten diese Bilder: *Linke Seite: 1* Start einer Weltraumrakete. Sie trägt huckepack eine Raumfähre in ihr Zielgebiet *2* Das Zielgebiet ist erreicht. Die Rakete trennt sich von der Raumfähre und kehrt zur Erde zu-

rück. Die Raumfähre fliegt auf der vorprogrammierten Flugbahn und stößt zur bestimmten Zeit einen Beobachtungssatelliten aus. Sie kann ihn auch wieder aufnehmen *3* Eine Raumstation in der Form eines gewaltigen Rades. Sie müßte Stück um Stück im Weltraum zusammengesetzt werden. Der Verkehr mit der Erde würde mit Raumfähren erfolgen. *Rechte Seite:* Flug zum Mars. Auf seinem Satelliten Deimos sind bereits Forscher bei der Arbeit, während das Mutterschiff weiterfliegt. Später einmal, vielleicht. ☞ Weltraumfahrt S. 220

76 Gartenblumen

So nennt man schön blühende Zierpflanzen, die besonders im Hausgarten aus Liebhaberei wie auch durch Gartenbau zum Verkauf gezogen werden. *1* Rosen sind die volkstümlichsten Gartenzierpflanzen und Schnittblumen. Eine wild wachsende Form ist die Hundsrose oder Heckenrose. Die Rosenzucht strebt nach sattsamtigen, dunkelroten oder gelben vollgefüllten Blüten. Rosensträucher sind stachlig, die Blätter zart gefiedert *2* Die Schwertlilie (Iris) ist der Gladiole verwandt, ihr Name ist auf die schwertförmigen Blätter bezo-

Was die Erde hervorbringt

Wer mit einem Ballon emporschwebt, kann unter sich die Erde wie einen großen Garten sehen. Vieles wächst wild und wie von selbst, aber vieles muß auch sehr sorgfältig gepflegt und gehegt werden, damit man ernten kann. Die Erde könnte heute alle Menschen ausreichend ernähren, aber zwei Drittel der Menschen leben in Gegenden, wo der Boden nicht fruchtbar genug ist: sie leiden am Hunger, sie sterben, weil sie nicht genug Essen erhalten. Und es wurde noch kein Weg gefunden, ihnen den Überfluß von anderen Weltgegenden zu schicken.

gen *3* Madonnalilie. Lilien sind Gartenpflanzen mit großen, schönfarbigen Blüten. Die stark duftende weiße Lilie ist neben der Rose die älteste Zierpflanze. Heute sind etwa 80 Zuchtformen der Lilie bekannt.
Blumen gehören zu den Blütenpflanzen, sie sind also mit den Gräsern, Kräutern, Sträuchern und Bäumen verwandt. Sie vermehren sich durch Samen, die sich in der Blüte entwickelt haben. Wenn kleine Blüten in großer Zahl vereinigt sind, bilden sie Blütenstände. Dadurch fallen sie mehr auf.

☞ Blumen S. 196

1

2

3

4

5

Grundberufe aus aller Welt

1 Der Fischer. Trotz moderner Schiffe und vieler Hilfsmittel ist der Fischfang noch heute harte und schwere Arbeit *2* Der Flößer. Das Wasser des Meeres und der Flüsse dient den Menschen auch als Straße. Auf ihr können geschlagene Bäume leichter als auf dem Land zur weiteren Verarbeitung fortgeschafft werden *3* Der Holzfäller. Die Arbeit im Walde, das Schlagen der Bäume war schon immer ein kraftraubender Männerberuf *4* Der Bauer. Er sorgt für das Essen, das auf den Tisch kommt, früher mit Hilfe einfacher Geräte

und Tiere, *5* heute mit Maschinen; hier ein Mähdrescher *6* Reis ist das Hauptnahrungsmittel der Menschen in Ostasien *7* Der Schäfer und seine Herde. Die Tiere liefern Fleisch als Nahrung und für die Kleidung Wolle *8* Argentinische Gauchos *9* Schwammtaucher können hervorragend schwimmen. Sie müssen sehr lange ohne Luftholen unter Wasser bleiben können und vor Raubfischen auf der Hut sein *10* Der Jäger. Mit Pfeil und Bogen gingen Indianer auf die Jagd *11* Der Winzer. Die Rebstöcke müssen gehegt und gepflegt werden, bis endlich Weinernte ist.

80 **Reis**

Auf der Bambusmatte im Vordergrund liegend eine Rispe mit den Ährchen, die, von Spelzen umschlossen, die Reiskörner enthalten. – In der Schale gekochter Reis, darüber Eßstäbchen, wie sie in Ostasien, besonders in China, anstelle von Löffel und Gabel verwendet werden. – Auf dem überschwemmten Feld werden die jungen Reispflanzen einzeln gesetzt, daneben und dahinter die Reisernte sowie das Herrichten eines Feldes für neue Pflanzungen. Im Hintergrund sind Reisfelder als bewässerte Terrassen. ☞ Reis S. 212

Getreide

Getreidepflanzen sind Gräser mit Körnerfrüchten, die eine spelzige Schale und einen mehligen Kern haben. Sie wurden von den Menschen im Verlauf von Jahrtausenden aus wilden Gräsern veredelt. *1* Roggen *2* Weizen *3* Hafer *4* Gerste *5* Hirse. Aus dem Mehl von Weizen und Roggen wird Brot gemacht, als Viehfutter dienen Hafer, Gerste und Mais. Getreide braucht man für die Herstellung von Malz und Bier (aus Gerste), Branntwein (aus Roggen), Sirup, Traubenzucker und Kleber (aus Weizen, Reis, Mais). ☛ Getreidepflanzen S. 200

Kaffee – Kakao – Tee

Kaffee: 1 Staude mit Blüte *2* Blüte, Frucht, halbierte Frucht, Bohnen *3* Kaffeebaum, Ernte *4* Vor dem Versand werden die Bohnen getrocknet und sortiert. – *Kakao: 1* Zweig mit Blüte *2* Die oft 1 Pfund schwere Frucht enthält etwa 50 Samen: die Kakao-Bohnen *3* Öffnen, Trocknen *4* Rösten und Verpacken. – *Tee: 1* Strauch mit Blättern und Blüten *2* Ernte von Blättern und Blattknospen *3* Angewelkte Blätter werden gerollt, unter Tüchern zusammengehäuft, getrocknet, verpackt und verladen. ☛ Kaffee S. 204

Die Kartoffel

Kartoffelstaude mit Blättern, geschlossenen und geöffneten Blüten und (giftigen!) Beerenfrüchten. Unter der Erde rechts eine Saatkartoffel mit neuen Trieben, an der Staude links daneben ist die Saatkartoffel abgestorben. An den unterirdischen Stengeln (nicht Wurzeln!) bilden sich die neuen Kartoffeln, die im Herbst geerntet werden. Rechts oben der Schädling der Kartoffel, der gelbe Kartoffelkäfer (Coloradokäfer) mit zehn schwarzen Längsstreifen auf den Flügeldecken, daneben Larve und angefressenes Blatt. ☛ Kartoffel S. 205

Weinernte

Linke Seite: Arbeiten, Geräte und Gebräuche, die mit dem Wein zusammenhängen, manchmal dargestellt an älteren Gegenständen, weil sie anschaulicher sind. *Erste Reihe:* Ernte der Trauben (Weinlese) – Transport der Trauben im Rückenkorb sowie auf Wagen im offenen Bottich oder im Faß. *Zweite Reihe:* Baumkelter von 1750, der Saft wird aus den Beeren herausgepreßt – Weinkeller mit Fässern, in denen aus dem Traubensaft allmählich Wein wird. *Dritte Reihe:* Römisches Winzermesser – Hacke – Beschoff (Tragkorb) – Wein-

stock (Unterlage) mit aufgepfropftem Edelreis, das sich emporrankt – Großer römischer Weinkrug (Amphore) – Weinkrug – Weinflasche – mit Bast umwickelte (italienische Chianti-)Flasche – Weingläser – darüber: Spundhahn für das Weinfaß – Korkenzieher – Weinkorken – rechts außen: geschnitzter Faßboden aus der Zeit von 1850, *Vierte Reihe:* Winzerfest. – Nach Deutschland wurde der Weinstock, eine uralte Kulturpflanze, durch die Römer gebracht. *Rechte Seite:* Teil einer Weinrebe mit Blättern, Weintrauben und jungen Trieben (Ranken). ☛ Wein S. 220

Arbeiten im Garten

Oben: Handwerkszeug und Arbeitsmaterial des Gärtners. *1* Gras- und Laubrechen *2* Laubwischer oder -besen *3* Pendelhacke *4* Spaten *5* Dreizinkenkultivator *6* Kräuel *7* Feldhaue *8* Jäthäckchen *9* Bügelzughacke *10* Wühleisen *11* Setzen einer Pflanze mit Setzholz und Pflanzkelle *12* Baumsäge *13* Heckenschere *14* Grasschere *15* Dose und Sack mit Pflanzennährsalz und Kunstdünger *16* Gartenschnur *17* Veredlungsmesser *18* Bindereischere *19* Holzetikett *20* Gartenmesser *21* Baumschere *22* Tontöpfe

23 Bast *24* Samen *25* Gießkanne *26* Okulieren *27* Kopulieren *28* Pfropfen. *Mitte:* Der Gärtner bei der Arbeit. Baumschneiden – Setzen junger Pflanzen – Beschneiden einer Hecke – Besprühen eines Baumes mit dem Rückenschwefler zur Bekämpfung von Schädlingen – Rasenmähen – Bedienen eines Rasensprengers – Apfelernte mit dem Obstpflücker. *Unten:* Einrichtungen einer Gärtnerei. Treibhaus von außen – Wohnhaus mit Verkaufsraum und Werkzeugschuppen – Gartenbeete mit Jungpflanzen, teils gedeckt mit Glasrahmen – Treibhaus innen. ☛ Garten S. 200

Allerlei Gemüse

1 Kopfsalat (Gartensalat) von oben betrachtet *2* Spinat *3* Radieschen und *4* Rettich, beides gut gesalzen besonders wohlschmeckend *5* Kohl (Kraut) *6* Lauch *7* Knollensellerie *8* Feldsalat (Ackersalat, Sonnenwirbele, Rapunzel) *9* Blumenkohl *10* Chicorée *11* Aubergine mit Blüte und Blatt *12* Zucchetti *13* Spargel, gebündelt *14* Artischocke *15* Erbsen, als Konserven in Dose, auf der Dose aufgemalt die Hülse (volkstümlich auch Schote genannt) mit den eßbaren Samen (Hülsenfrüchte) *16* Kohlrabi *17* Mangold

(Römischkohl) *18* Paprika, außer gelb auch grün und leuchtend rot vorkommend *19* darunter quer sowie im Glas eingelegt Gurken *20* neben dem Glas Pilze (Pfifferlinge) *21* neben dem Glas eine Zwiebel *22* Rosenkohl *23* auf dem Holzbrett rote Rübe (Rahnen) und *24* gelbe Rüben (Karotten) *25* weiße Bohnen *26* Fenchel mit fleischigem Blattgrund *27* hochrote, seltener gelbliche Tomaten (Paradiesapfel) *28* grüne Bohnen. – Wertvoll für die Gesundheit sind im Gemüse die Mineralsalze und lebenswichtigen Wirkstoffe (Vitamine). ☛ Gemüse S. 200

1

2

5

6

Obst aus dem Garten

1 Apfel, Frucht mit Blatt und Blüte, die aufgeschnittene Frucht zeigt das Kerngehäuse *2* Birne mit Blatt, Blüte und Kernen *3* Aprikose mit Blatt und Blüte. Die aufgeschnittene Frucht zeigt den Stein *4* Quitte mit Blatt, Blüte und Kern *5* Kirschen (rötlich und schwärzlich) mit Blatt und Blüte. Die geöffnete Frucht zeigt den Stein *6* Pfirsich, eine Steinfrucht, mit Blatt und Blüten *7* Zwetschge, eine Steinfrucht und eine Spielart der Pflaumen, mit Blatt und Blüte *8* Pflaume mit Blatt und Blüte. Hier sieht man also Kernobst und

3

4

7

8

Steinobst. Schalenobst (Nüsse) und Beerenobst sind auf eigenen Bildern dargestellt.
Die Obstbäume im Hausgarten oder in der Gärtnerei sind aus wildwachsenden Pflanzen gezüchtet. In den Baumschulen werden auf Wildlinge Teile der Edelsorte verpflanzt. Als Edelreiser werden ausgereifte einjährige Triebe mit gut ausgebildeten Holzaugen verwendet. Das Edelreis verwächst mit der Unterlage und trägt dann Früchte der Edelsorte. Obst wird roh gegessen, aber auch getrocknet, zu Säften oder zu Wein oder Schnaps verarbeitet. ☞ Obst S. 210

92 **Beeren und Sammelfrüchte**

Die Beeren gehören zu den Früchten. In das saftige Fruchtfleisch sind mehrere Samen eingebettet. Farbe und Geruch der Beeren locken die Vögel an. Wenn diese dann die Beeren gefressen haben, scheiden sie die Samen bei der Verdauung an einer anderen Stelle aus. So sorgen sie bei den wild wachsenden Beeren für die weitere Verbreitung.

Das Bild zeigt: 1 Wacholder *2* Erdbeerstaude mit Beeren, Blättern und Blüte sowie mit einem weit ausgreifenden Ableger, aus dem eine neue Staude

herauswachsen wird *3* Stachelbeere *4* Himbeere *5* Johannisbeere mit hängender Fruchttraube. Früchte können rot, weiß oder schwarz sein *6* Brombeere mit Blüten *7* Heidelbeere *8* Hagebutte, die rote Scheinfrucht der wilden Rose *9* Holunder mit Blättern und Blüten.

Auf dem Bild sind 3, 5, 7, 9 echte Beeren. Im Volksmund werden auch andere Früchte als Beeren bezeichnet, wovon das Bild ebenfalls Beispiele gibt: 1 sind Beerenzapfen, 2 und 8 sind eigentlich Nüsse, genauer: Sammelnußfrüchte, 4 und 6 sind Sammelsteinfrüchte. ☞ Beeren S. 195

94 Früchte aus dem Süden

1 Ananas in der regelmäßig geformten Schale mit spitz auslaufenden Schuppen; im Hintergrund die Frucht an der Spitze einer Ananasstaude *2* Apfelsine (Orange) am Ast eines Apfelsinenbaums mit Blättern und Blüten *3* Melone, aufgeschnitten mit Fruchtfleisch und Samen *4* Banane mit (ungenießbarer!) Schale, im Hintergrund die etwa 10 m hohe Bananenstaude mit einem traubenartig wachsenden Bündel von Früchten *5* Grapefruit als ganze und als halbierte Frucht *6* Zitrone am Ast eines Zitronenstrauchs mit gewellten, ledrigen

3

4

7

8

Blättern *7* Dattel mit Kern, Zweig mit Früchtebüschel, afrikanische Dattelpalme mit reichem Blätterschopf und Früchten *8* Ein Zweig des Feigenbaumes mit Fruchtständen und Blättern, daneben eine halbierte Feige. – Südfrüchte gedeihen bei uns nicht, weil sie viel Wärme brauchen. Wegen ihres angenehmen Geschmacks sind sie sehr beliebt, wegen ihrer Vitamine sehr gesund. Teilweise stammen sie aus Entwicklungsländern, die auf die Hilfe der Länder angewiesen sind, die im Überfluß leben. In diesen armen Ländern leben zwei Drittel der Erdbevölkerung. ☞ Südfrüchte S. 217

96 **Unsere Gewürze**

Gewürze haben in Wurzeln, Blättern, Früchten oder Samen besondere Stoffe, die den Geschmack der Speisen verbessern und die Lust zum Essen anregen. Gewürze wird man aber nur in ganz kleinen Mengen an das Essen geben. Heute kann man jedes gewünschte Gewürz kaufen, früher aber waren Gewürze so kostbar, daß man manchmal ihr Gewicht zur Bezahlung mit Gold aufgewogen hat. *1* Dill *2* Majoran *3* Liebstöckel *4* Kümmel *5* Paprika *6* Bohnenkraut *7* Borretsch *8* Rosmarin *9* Bibernell *10* Thymian

11 Lorbeerblätter *12* Gewürznelken (liegende Dose) *13* Kerbel. Über 5, 6, 7 liegt ein Busch Petersilie, zwischen 1 und 2 eine Muskatnuß. Über 8, 9, 10, 11 liegt Schnittlauch. Links von 8 Basilienkraut, darunter Estragon und Senfsamen. Unter 9: Pfefferkörner, unter 13: Zimt.

Muskat, Pfeffer, Kümmel, Senf und Paprika sind Früchte oder Samen von Gewürzpflanzen, Petersilie und Lorbeer sind Blätter, Nelken sind Blütenknospen. Gewürze wie Dill, Schnittlauch oder Borretsch kann man in einem Blumentopf vor dem Fenster ziehen. ☛ Gewürzkräuter S. 200

98 **Blumen aus dem Garten**
1 Frühblühender Krokus mit weißen, violetten oder goldgelben Blüten *2* Schneeglöckchen mit glockenförmigen weißen Blüten aus drei äußeren und drei inneren Blättern *3* Maiglöckchen mit langgestielter Traube aus weißen Blütenglöckchen *4* Primel (Schlüsselblume) mit gelben Blütendolden *5* weiße Narzisse *6* gelbe Narzisse (Osterglocke); beide Narzissen sind Zwiebelgewächse mit doppelter Blumenkrone *7* Hyazinthe, ein lila Liliengewächs, aus dem Mittelmeergebiet stammend *8* Tulpe, die Blüten glockenförmig mit

sechs Blättern, in vielen Farben und etwa 6000 Arten weltweit gezüchtet. Die Wildtulpe stammt ursprünglich aus Persien und Turkestan.
Dies sind, außer Maiglöckchen und Primel, Frühjahrsblumen, die vor den anderen Blumen erscheinen. Sie speichern in Zwiebeln bzw. Knollen die Nahrung den Winter über, so daß sie dank dieses Vorrats unverzüglich im Frühling zum Vorschein kommen. Einjährige Gartenblumen sollte man regelmäßig und reichlich gießen und kräftig düngen, den umgebenden Boden hält man locker und frei von Unkraut. ☞ Blumen S. 196

100 **Blumen auf der Wiese**

1 Löwenzahn („Kuhblume") mit Wurzeln, gelbem Blütenstand, der sich aus mehr als 200 Zungenblüten zusammensetzt, sowie den Früchten (Samen), die als schirmartige Flugapparate angelegt sind und mit dem Wind davonsegeln. So verbreitet sich die Pflanze *2* Storchschnabel, eine ausdauernde Pflanze mit meist rot-violetten Blüten und behaarten Blättern. Der Name kommt von den geschnäbelten Früchten *3* Spitzwegerich, eine Heilpflanze mit schlanken Blättern, die an Wegrändern und auf Äckern gedeiht *4* Hornklee *5* Hop-

fenklee *6* Rotklee *7* Weißklee: Kleepflanzen sind ergiebige Futterpflanzen für Weidetiere, ihre Wurzeln dringen tief in den Boden ein, die Blätter sind meist dreiteilig, die Blüten weiß bis purpurrot *8* Maßliebchen (Gänseblümchen) bilden Stauden mit weißen bis rötlichen Strahlblütchen. Das Tausendschön, eine Züchtung, ist eine beliebte Zierpflanze *9* Die Wohlriechende Wicke mit großen Blüten in vielen Farben und Fiederblättern wird gern als rankende Zierpflanze an Zäunen und Zweigen gezogen. Die Blüten sind duftend.

☛ Blumen S. 196

102 **Pflanzen im Wald**
1 Das Goldene Frauenhaar ist ein Moos mit schwarzen Stielen und zierlichen Blättchen *2* Salomonsiegel (Weißwurz) heißt ein (giftiges!) Liliengewächs mit gestreckten Blättern und grün gesäumten weißen Blüten *3* Immergrün hat lederartige, gleichbleibend grüne Blätter und blaue oder rote Blüten *4* Das Buschwindröschen (die Anemone) ist ein Hahnenfußgewächs und gedeiht als kleine Staude (ca. 15 cm hoch) mit sternförmigen weißgelben Blüten im Halbschatten von Wäldern *5* Die Goldnessel (gelbe Taubnessel) mit

gelben Lippenblüten wird 45 cm hoch und wächst in Gebüschen und Laubwäldern *6* Waldmeister liebt Schattenplätze, hat Blattquirle, kleine weiße Blüten und Früchte mit steifen, hakigen Borsten *7* Sauerklee blüht im Juni mit hellvioletten oder weißen Blüten *8* Das Waldveilchen bildet kleine Stauden mit meist blauen oder violetten Blüten *9* Ackerschachtelhalm. Seine Sprossen bestehen aus aufrechten, ineinandergesteckten Gliedern. Die Triebe sind weißlich bis bräunlich, im Sommer grün *10* Wurmfarn, eine blütenlose Blattpflanze mit gefiederten Blattwedeln. ☛ Wald S. 219

104 **Pilze**

Pilze sind eine Welt für sich. Sie gehören zu den sogenannten Sporenpflanzen, die keine Blüten entwickeln und sich auch nicht durch Samen vermehren, sondern durch staubfeine Sporen, die sich unbegrenzt ausbreiten können. Pilze sind daher allgegenwärtig, tief im Wasser wie im Staub der Luft und auf den höchsten Bergen. Die weiter entwickelten Pilze sind meistens Boden- und Holzbewohner; sie ernähren sich von anderen Pflanzen und entwickeln ihre oft verblüffenden Formen und Farben: märchenhaft der Fliegenpilz

3

4

8

mit seinem leuchtenden Rot, dazu die verschiedenen Saftlinge, die bunt gefärbt sind wie Papageien im Urwald; oder die Eierschwämme (Pfifferlinge) mit ihrem strahlenden Gelb. Von den verschiedenen Pilzarten sind etwa 40 eßbar, viele andere jedoch sind den eßbaren sehr ähnlich, dabei aber ungenießbar oder sogar hochgiftig. – *1* Der giftige Fliegenpilz *2* Der Trottoir- oder Stadtchampignon *3* Das Stockschwämmchen *4* Der Steinpilz *5* Der Größte Saftling *6* Die Speisemorchel *7* Der Echte Reizker *8* Der Pfifferling. Die Pilze 2–8 sind eßbar. ☛ Pilze S. 210

Laubbäume der Heimat

1 Der Ahorn, ein aufstrebender Baum mit offenem Geäst, spitz ausgebuchteten Blättern und geflügelten Früchten *2* Die Eiche, ein Baum mit wuchtig breitem Stamm, gestreckten, ausgelappten Blättern und eiförmigen Früchten in Bechern (Eicheln) *3* Die Roßkastanie, ein Baum mit hochstrebenden Ästen und handförmigen, gleichmäßig gerippten Blättern. Die Früchte stecken in einer Stachelhülle *4* Die Linde, ein Baum mit regelmäßigen seitlichen Ästen, herzförmigen Blättern und einem Trageflügel für die reifen Früchte *5* Die

Birke, ein schlanker, leicht und hell wirkender Baum mit vielfach ausgezähnten Blättern und hängenden Blütenkätzchen *6* Die Rotbuche, ein schwerer, hochstämmiger Baum mit einer breiten Krone, glatten, gleichmäßigen Blättern und dreikantigen Früchten (Bucheckern) *7* Die Ulme (Rüster), ein hochragender, ungleich verästelter Baum mit gerippten, langgezähnten Blättern und geflügelten Nüßchen als Früchten *8* Die Pappel, ein hoher und sehr schlanker, schnell wachsender Baum mit Kätzchen, Flugsamen und unregelmäßig gewellten Blättern. ☛ Laubbäume S. 206

108 **Nüsse aus aller Welt**

1 Walnuß am biegsamen Ast des Nußbaums in der Schale, zwischen den Blättern der holzige Teil der Fruchtwand (links) und der Samen (rechts) *2* Ast der niederen Haselnußstaude mit Blättern und Früchten, darunter die herausgelöste Frucht mit dem Kern (Samen) *3* die gewaltige Kokosnuß, eine Steinfrucht, die an der Kokospalme wächst *4* Erdnuß mit aufgeknackter Schale und Samen *5* Ast des Mandelbaums mit Blättern und Früchten nebst Samen *6* Paranuß, Samen und Keimling.

☛ Nuß S. 210

Nadelbäume der Heimat

Die Weißtanne (links) ist ein hoher Baum mit etwa waagerecht ausgebreiteten, benadelten Ästen. Der Fruchtzapfen steht aufrecht, die Nadeln sind breit. Die Fichte (Mitte) ist ein schnell wachsender Baum mit regelmäßigen, leicht geschwungenen Ästen. Der Fruchtzapfen hängt herab, die Nadeln sind spitz. Die Bergkiefer (rechts) ist ein Baum mit geschwungenem, erst in der Höhe verästeltem Stamm und buschiger Krone. Der Fruchtzapfen ist sitzend, die Nadeln sind lang und biegsam.

☛ Nadelbäume S. 208

Unsere Erde

Die Erdkugel. *1* Schnitt durch die Erdkugel mit ihren Schichten: Erdkruste – halbflüssiges Magma – Erdkern aus Materie von verschiedener Dichte mit Temperaturen von ca. 4000 Grad. Rechts daneben als Größenvergleich der Mars (oben) und der Mond (unten) *2* Bei einem Vulkan besteht eine Verbindung zum schmelzflüssigen Gestein (Magma) im Erdinnern. Magma gibt es bis zu einer Tiefe von 60 km *3* Wenn der Vulkan ausbricht, wird eine glühende Masse aus dem Erdinnern herausgeschleudert. ☞ Sonne S. 216

Kreislauf des Wassers
Durch die Strahlen der Sonne erwärmt, steigt verdunstetes Wasser aus dem Meer, aus Seen und Flüssen oder von Schnee- und Eisfeldern empor und sammelt sich in Wolken. Sie ziehen über Land und Meer und geben das Wasser als Regen und Schnee ab. Es fällt zur Erde und sammelt sich in den Gewässern an der Erdoberfläche, oder es sickert in den Boden ein und wird als Grundwasser gespeichert, bis es als Quelle wieder hervorsprudelt – und bei Sonnenschein von neuem emporsteigt. ☞ Kreislauf des Wassers S. 206

Erde und Sonne

Die Sonne spendet unserer Erde Licht und Wärme. Ohne sie wäre Leben auf der Erde nicht möglich. An einigen Beispielen sehen wir, wie die Sonne auf unsere Erde einwirkt: Die vier Jahreszeiten: *1* Frühling *2* Sommer *3* Herbst *4* Winter. Oben im Bild wird deutlich, daß der Wechsel der Jahreszeiten davon abhängt, wie jeweils die Erde und die Sonne zueinander stehen. Denn wenn sich die Erde im Lauf eines Jahres einmal um die Sonne dreht, haben an einem bestimmten Punkt der Erde die Sonnenstrahlen einmal mehr und ein ander-

4

7

mal weniger Kraft. Winter entsteht also nicht deshalb, weil die Erde in diesen Monaten besonders weit von der Sonne entfernt ist, sondern weil die Strahlen der Sonne schräg und daher kraftlos bei uns auftreffen. *5* Der Weg der Mitternachtssonne. Hoch im Norden geht die Sonne im Sommer überhaupt nicht unter, auch nicht bei Nacht. *6* Ebbe und Flut: An der Meeresküste können wir beobachten, wie das Wasser an einem Tag ganz hoch steht, *7* an einem anderen Tag aber ganz nieder. Der Unterschied ist an manchen Orten bis zu 25 m.

☛ Meer S. 208

Wie sich das Leben entwickelte

Das Leben auf unserer Erde, so wie wir es in den Pflanzen und Tieren erblicken, ist nicht einfach fertig vom Himmel gefallen. Es dauerte eine unvorstellbar lange Zeit, bis unsere Tiere und Pflanzen sich unter allen möglichen Veränderungen so weit entwickelt hatten, wie wir sie heute sehen. Von der Entwicklung und Entfaltung unserer Tiere und Pflanzen erzählt dieses Kapitel, und zwar so, wie wir heute davon wissen. Wie Detektive müssen die Forscher winzige Reste und Spuren der uralten Vorzeit suchen, zusammenfügen und erklären.

Von der Geschichte des Lebens

Jederzeit und überall auf der Welt umgeben uns Tiere und Pflanzen. In Millionen von Jahren entwickelten sich unzählige Formen des Lebens. Leben gibt es in der Eiswüste und in einem winzigen Tropfen Wasser, in den sandigen Steppen Afrikas unter glühend heißer Sonne und tief im dunklen Innern der Erde. Einzelne Schritte aus der unendlichen langen und mühsamen Geschichte des Lebens von Tieren und Pflanzen werden auf den nachfolgenden Bildern dargestellt.

So entstanden Stück um Stück unsere Vermutungen und unsere Kenntnisse über die Entwicklung des Lebens auf der Erde im Verlauf von ungefähr 4,5 Milliarden Jahren.
1 Brontosaurus diplodocus. Ein gewaltiger Pflanzenfresser, der im Wasser ebenso wie an Land auf Nahrungssuche ging *2* Der Schuppenbaum wuchs vor allem am Ufer, er wollte viel Wasser haben *3* Baumschachtelhalm. Heute sind Schachtelhalme kleine Gewächse, in der Vorzeit aber waren sie Bäume und säumten die Ufer der Gewässer. ☛ Fossilien S. 199

116 **Farnwälder der Steinkohlenzeit**
Dieses Zeitalter der Erde heißt Karbon. *1* Riesenschachtelhalme (Calamiten) konnten 30 m hoch und 1 m dick werden. Wie Riesenschilf oder Bambus bilden sie in sumpfigem Wasser dichte Wälder *2* Schuppenbäume wurden ebenso hoch und doppelt so dick wie die Calamiten *3* Siegelbäume trugen Blätter von mehr als 1 m Länge, die am Ende des Stammes in einem mächtigen Schopf entsprangen *4* Baumfarn *5* Kletternder Samenfarn *6* Windendes Keilblatt, ein Schachtelhalmgewächs *7* Cordaiten-Bäume hatten hohe,

schlanke Stämme und lange, bandförmige Blätter; sie vermehrten sich durch Samen *8* Niedere Farne *9* Stamm des Schuppenbaumes mit Tausendfüßler und Spinne *10* Ur-Insekten *11* Riesenlibelle; sie konnte eine Flügelspannweite von 75 cm erreichen *12* Lurche (Amphibien) aus den Mooren und Sümpfen der Steinkohlenzeit konnten mehr als 5 m lang werden. Auch die Stammformen unserer Frösche lebten in den Mooren und Gewässern der Steinkohlenzeit, dazu die Tiere, die wir bereits kennen: Korallen, Muscheln, Seeigel und Fische.

☞ Fossilien S. 199

118 **Das Meer der Saurier und Ammoniten**
Dieses Zeitalter der Erde heißt Jura. *1* Ammoniten sind Verwandte der Tintenfische, es gab sie als kleine zierliche Schalen bis zur Größe von 2 m *2* Belemniten waren die Tintenfische des Jura-Meeres, schlanke Tiere mit gefährlichen Fangarmen, durch Rückstoß des Wassers trieben sie sich voran *3* Seelilien auf einem Stamm von Treibholz, auf langen Stielen aus feinen Einzelgliedern saßen die „Kronen" mit unzähligen Fangarmen und feinen Fangfäden *4* Seeigel *5* Ein Riff aus verschiedenen Korallen und Schwämmen *6* Brachiopo-

den (Armfüßler) mit Bauch- und Rückenschale *7* Plesiosaurier (Ruderechse). Wie ein Boot ruderte sie sich mit ihren vier Beinen voran, durch den langen, gelenkigen Hals konnte sie blitzschnell zupacken *8* Ichthyosaurier (Fischechse); breite Flossen trieben den Körper vorwärts, die gegabelte Schwanzflosse wirkte wie ein Propeller; 16 m lang konnte dieses Tier werden, mit 200 Zähnen packte es zu und verschlang seine Beute *9* Schmelzschuppenfisch *10* Flugsaurier. Wie Fledermäuse konnten sie eine Flughaut ausspannen *11* Ur-Vogel Archäopteryx. ☛ Fossilien S. 199

Die Zeit der Dinosaurier

Diese Epoche der Erdgeschichte heißt Kreidezeit. *1* Die vier Meter langen Meeresschildkröten ruderten behäbig durch das Meer *2* Das Krokodil auf dem Weg zum Strand *3* Dreihornsaurier. Die Waffen dieses Tieres waren die mächtigen Hörner an seiner Stirn *4* Stegosaurier mit Hornplatten auf dem Rücken und dem stachelbewehrten Schwanz als Waffe *5* Tyrannosaurier, der gewaltigste Räuber und Fleischfresser aller Zeiten. Er wurde 6 m hoch und 14 m lang und hatte scharfe Krallen, kräftige Sprungbeine und spitze Zähne mit

schneidenden gesägten Rändern *6* Das Iguanodon war ein flinker Renner, mit seinen langen Beinen konnte es bis zu 4 m lange Riesenschritte machen *7* Dinosaurier-Eier *8* Die Flügelspannweite des Riesen-Flugsauriers Pteranodon konnte 8 m erreichen *9* Fischvogel *10* Farne *11* Williamsonien (schlankstämmige Bennettiteen) *12* kugelstämmige Bennettiteen *13* Gingko-Baum *14* Nadelbäume der Vorzeit bildeten weite, oft sumpfige und moorige Wälder. An trockenen Stellen wurde der Wald licht. Die Farne bildeten sich zurück und waren nur noch klein. ☛ Fossilien S. 199

122 **Die Tundra der Eiszeit**

Diese Zeit der Erdgeschichte heißt Quartär. *1* Mammute gehören zu den Vorfahren unserer heutigen Elefanten. In Rudeln zogen sie durch die Tundra. Ihre Stoßzähne waren groß und geschwungen. Ein einzelner Backenzahn wog 15 Pfund. Vor der Kälte der Eiszeit schützte sie ihr dichtes, zottiges Fell *2* Das wollhaarige Nashorn. Dieses Tier schuf sich für die langen Winter einen eigenen Vorrat: einen mächtigen Fetthöcker auf dem Rücken *3* Rentierherden. Sie waren damals noch größer als heute *4* Moschusochsen gibt es

heute noch ganz im Norden Amerikas und auf den Inseln im Nordmeer *5* Schneehühner *6* Fieberklee *7* Riedgräser *8* Wollgras *9* Moorbeere *10* Heidekraut *11* Alpenazalee *12* Gesteinsflechten *13* Krähenbeere *14* Krautweide *15* Netzadrige Zwergweide *16* Gold-Fingerkraut *17* Roter Steinbrech *18* Silberwurz. Der Flechten- und Moosteppich der weiten Tundra war unterbrochen von Steinblöcken, die von den reißenden Schmelzwassern der Gletscher im Tauwetter des Frühjahrs aus dem Gebirge herabgespült wurden.

☛ Fossilien S. 199

Hund und Katze

Die Hunde gelten als die ältesten Haustiere der Menschen. Sie sind heute wie früher vorzügliche Wächter, sie helfen den Menschen bei der Jagd, schützen Schafherden, spüren Verbrecher auf, ziehen Schlitten durch Eiswüsten und führen Blinde auf den Straßen. Ihr Aussehen und ihre Größe sind ganz unterschiedlich, wie es auch das Bild in ausgewählten Beispielen veranschaulicht. *1* den Boxer, eine Doggenart *2* den afghanischen Windhund *3* den mexikanischen Chihuahua, die kleinste Hunderasse der Welt *4* den Bernhardiner

Vom Leben der Tiere

Wer heute von allen lebenden Tieren jeweils ein Pärchen in einer Arche mit sich führen wollte, müßte ein ungeheures Fahrzeug besitzen, denn es sind uns mehr als 1 Million verschiedener Arten von Tieren auf der Erde bekannt.
Dieses Kapitel lädt ein zu einem Spaziergang durch das Tierreich von den Säugetieren über die Vögel bis zu den Fischen und den Insekten. Am vertrautesten sind uns davon die Säugetiere, von denen manche dazu gebracht wurden, den Menschen schwere Arbeiten abzunehmen, z. B. Ochsen, Pferde, Elefanten. Andere Tiere halten sich die Menschen zur Freude und als freundliche Gesellen, z. B. Singvögel, Grillen, Hunde und Katzen.

5 den Dackel (Teckel) *6* den Pudel *7* den Foxterrier. – Die Hauskatze stammt von der afrikanischen Falbkatze ab. Als Haustier ist sie eigenwillig und verspielt, dabei äußerst sauber. Für ihre Jungen sorgt sie mit größter Liebe und Zärtlichkeit. Man unterscheidet bei den Katzen vor allem Kurzhaarrassen (wie die dargestellte Tigerkatze) und Langhaarrassen (etwa die Angorakatze). Alle Katzen sind Zehengänger. Die Krallen können sie einziehen. Sie überlisten ihre Beute durch lauernde Geduld und durch Anschleichen, denn ihr Gang ist fast unhörbar. ☛ Katze S. 205

Allerlei Pferde

1 Das Pferd ist eines der ältesten Haustiere, ursprünglich ein freilebendes Steppentier. Das männliche Tier heißt Hengst, das weibliche Stute, die jungen bis zu einem Alter von drei Jahren nennt man Fohlen oder Füllen *2* Zu den Pferden im weiteren Sinn gehört das Maultier, das Junge von Eselhengst und Pferdestute, *3* sowie der Esel *4* Das Pony ist ein kleines Pferd; *5* das Zebra, auch Tigerpferd genannt, ist ein braun-weiß gestreiftes Wildpferd. – Das Pferd als Helfer und Gefährte des Menschen in verschiedenen Ländern zu

verschiedenen Zeiten *6* Indianer zu Pferd mit festlichem Kopfschmuck *7* Ritter des Mittelalters beim Zweikampf zu Pferd (Turnier, 16. Jh.) – Römischer Rennwagen, von vier Pferden gezogen (Quadriga). *8* Fuchsjagd in England *9* Modernes Pferderennen: Trabrennen mit dem Sulky, einem zweirädrigen, gummibereiften Wagen; Galopprennen; Hindernisrennen *10* Verschiedene Figuren der Pferdedressur, weltberühmt ist die Dressur der spanischen Reitschule in Wien mit ihren Lipizzaner Hengsten *11* Cowboys und Araber zu Pferd. ☛ Pferd S. 210

Rinderartige Huftiere

Das Hausrind ist das älteste Nutztier des Menschen, es stammt vom Auerochsen ab. Das männliche Rind (*rechts oben*) heißt Stier, Farren, Bulle oder Ochse; das Jungtier *(rechts Mitte)* heißt Kalb, und zwar Stierkalb oder Kuhkalb; das weibliche Tier *(rechts unten)* heißt Kuh. Die Rinder haben meist starke, aufwärts und nach außen gebogene Hörner und einen Schwanz mit Quaste, die Kuh hat ein Euter mit vier Zitzen. Das glatte, kurzhaarige Fell kommt einfarbig und gescheckt in vielen Farben vor, vor allem schwarz, grau, braun, rot

und gelb. *Linke Seite:* Bauernhof in Mitteleuropa mit Wohn- und Stallgebäuden sowie ausgedehnten Weideplätzen für die Milchkühe. Die Milch, die später in Flaschen oder Beuteln verkauft wird, kommt in Kannen und Spezialtransportern zu einer zentralen Sammelstelle (Molkerei), wo sie weiterverarbeitet wird. Bekannte Nahrungsmittel, die aus Milch gewonnen werden, sind Butter und Käse, die früher mit Hand, heute in besonderen Maschinen hergestellt werden. Kuhmilch ist besonders reich an Eiweiß- und Mineralstoffen.

☞ Rinderartige Huftiere S. 212

130 **Schwein**

Schweine gab es ursprünglich nur als Wildschweine *(oberes Bild)* in den feuchten Wäldern von Europa. Das männliche Tier heißt Keiler, das weibliche Bache, die Jungen heißen Frischlinge. Auffallend sind die Eckzähne (Hauer), die der Keiler als Waffe benützt. – Das Hausschwein wurde wegen seines Fleisches und Fettes überall in der Welt und in vielen verschiedenen Rassen gezüchtet, das männliche Tier heißt Eber, das weibliche heißt Sau oder Mutterschwein, die Jungen heißen Ferkel. ☛ Schwein S. 215

Schaf

Das Haus-Schaf Europas stammt vom Mufflon ab, es wird wegen der warmen Wolle und wegen seines schmackhaften Fleisches gehalten. *Bild oben:* Eine Schafherde, behütet vom Hirten und den wachsamen Hunden. *Bild Mitte:* Schafschur, wobei in Abständen von längstens einem Jahr die Wolle abgeschnitten wird – Ballen mit der geschorenen Wolle – Stricken mit Wolle, Kleidungsstücke aus Wolle. *Bild unten:* Der mächtige australische Merino-Schafbock – ein Mutterschaf mit Lamm. ☞ Schaf S. 213

132 **Huhn**
Haushühner vor dem Stall. In der Bildmitte der Hahn mit dem roten Kamm und dem farbenprächtigen Gefieder, in seinem Rücken sowie vor ihm eine Henne mit drei jungen Hühnern (Küken). Im Hühnerstall ein Nest mit Eiern. ☞ Huhn S. 202

Biene
Bild rechts oben: Biene (Arbeiterin) beim Sammeln von Blütenstaub (Pollen, gelbe ,,Höschen" beachten!) und Blütensaft (Nektar) auf Blume. Obstblüte und Klee. *Mitte:* Eine Bienenwabe mit den sechseckigen Zellen, in denen sich die Bienen

aus den Eiern entwickeln und in denen der Honig gesammelt wird. *Rechts* daneben die Entwicklung einer Biene: die Königin legt ein Ei, aus dem Ei kommt die Made, die Made entwickelt sich zur Larve, aus der Larve entsteht die Puppe, bis die geflügelte Biene ausschlüpft. *Rechts außen:* Königin – Arbeiterin – Drohne. *Unten:* Ein Bienenschwarm mit der alten Königin hat sich neu gebildet und wird vom Imker wieder eingefangen. – Das Bienenhaus mit Fluglöchern. – Honigernte: Der Imker nimmt die Waben heraus, um den Honig zu schleudern. ☛ Bienen S. 196

Maus und Ratte

Die Maus *(in der oberen Bildhälfte)* ist ein kleines, flinkes Nagetier. Sie kommt in mehreren hundert verschiedenen Arten überall vor, wo es Menschen gibt. Die Maus wirkt zierlich, die Ratte im Vergleich dazu gedrungen, kräftiger, häßlicher. Ratten sind bräunlichgrau bis braunschwarz gefärbt, an der Unterseite heller. Sie laufen rasch, klettern sehr gut, sogar an ziemlich glatten Wänden empor, schwimmen und tauchen meisterlich wie richtige Wassertiere. Mit den Schiffen kamen sie in alle Erdteile. ☛ Maus S. 208

Nagetiere
1 Im Baum sitzt ein Eichhörnchen neben dem geräumigen, kugelrunden Nest *2* Im Haselgebüsch wartet die Haselmaus vor ihrem gut versteckten, ebenfalls runden Nest *3* In der Bildmitte ein Feldhase, ein nagetierähnliches Säugetier *4* auf und unter dem Stein ein Murmeltierpärchen *5* Am Erdboden und in der Vorratshöhle unter der Erde Hamster *6* Unterirdisch gräbt auch die Wühlmaus ihre Gänge *7* Die Spitzmaus ist trotz ihrer mausähnlichen Gestalt kein Nagetier, sondern ein Insektenfresser. ☛ Nagetiere S. 209

Geradflügler

1 Gottesanbeterin auf dem Ast, eine Fangheuschrecke *2* Stabheuschrecke im Gras, nach oben gereckt *3* Feldheuschrecke, einmal fliegend, daneben im Gras kriechend *4* Ohrwurm, einmal fliegend, schräg darunter kriechend *5* Küchenschabe, rechts außen auf der Erde kriechend *6* links außen die Feldgrille beim Verlassen ihres Gangs. Alle Grillen leben am liebsten gut versteckt, überall dort wo es warm und gemütlich ist *7* In der Mitte im unterirdischen Gang die Maulwurfsgrille (Werre). ☞ Geradflügler S. 200

Maulwurf
Der Maulwurf ist ein sehr scheues Säugetier, das unter der Erde lebt. Seine Wohnung ist eine rundliche Höhlung, von hier aus gräbt er zahlreiche Gänge in alle Richtungen. Dabei macht er Jagd auf Regenwürmer und Kerbtiere. Sein Hunger ist gewaltig, er frißt jeden Tag so viel, wie er wiegt. Außer dem Menschen hat er auch viele natürliche Verfolger: Marder, Iltis, Raubvögel und Störche lauern auf ihn über der Erde, Wiesel und Kreuzotter verfolgen ihn sogar in seinen unterirdischen Gängen.

☞ Maulwurf S. 208

138 **Ameise**

Ameisen sind Insekten, die oft zu vielen Zehntausenden in einem Bau zusammenleben, für den sie unterirdische Gänge graben und über der Erde aus Pflanzenteilen und Bodenkrumen einen Haufen auftürmen. Hier sehen wir einen Ameisenhaufen gewissermaßen aufgeschnitten: Oben sind Ameisen auf der Suche nach Nahrung und Baumaterial. Im Quergang rechts liegen versponnene Puppen (Ameiseneier), im Quergang links darunter Larven. Ganz unten ist die Ameisenkönigin beim Eierlegen. ☛ Ameise S. 193

Igel
Der Igel, dessen Rücken mit Stacheln und Borsten bedeckt ist, frißt Insekten, Mäuse und Schlangen. Über dem Rücken des Igels auf diesem Bild kriecht eine Gartenschnecke über den Stein. In seiner rüsselförmigen Schnauze hält der Igel einen Regenwurm gepackt, davor auf dem Rücken liegend ein Maikäfer, rechts darunter eine Weinbergschnecke mit großem Gehäuse, am Stein rechts außen eine Wegschnecke ohne Gehäuse. Auf dem Stein unter ihr kriecht ein Tausendfüßler, ganz unten eine Mauerassel. ☛ Igel S. 203

140 **Taube**

Tauben gibt es in mehr als 500 verschiedenen Arten auf der ganzen Erde. Gezüchtete Haustauben werden häufig aus Liebhaberei gehalten, besonders gern Brieftauben, die eine hohe Flugleistung haben. Tauben leben gesellig und haben eine gurrende Stimme, sie sind aber keineswegs so friedlich, wie sie immer dargestellt werden. Die hellblauen Felsentauben mit rötlicher Brust und grünlichem Hals gelten als die Stammform der Haustaube. *1* Felsentaube *2* Ringeltaube *3* Kropftaube *4* Tümmler *5* Pfautaube. ☛ Tauben S. 217

Adler

Steinadler (Goldadler) am Nest im Hochgebirge (Adlerhorst), junge Adler fütternd. Das Nest errichtet er mit Vorliebe in der Nische einer Felswand. Er ist ein Tagraubvogel, der mit Vorliebe am Vormittag auf Jagd geht, Männchen und Weibchen gemeinsam. Ein jung aufgezogener Adler wird sehr zahm und menschenfreundlich, so daß man ihn als Jagdvogel abrichten kann. Das haben vor allem die Reitervölker im Innern Asiens getan, denn ein ausgewachsener Adler kann etwa 160 Stundenkilometer schnell fliegen. ☛ Adler S. 193

142 **Greifvögel und Eulen**
Vögel mit kräftigem Hakenschnabel und scharfen Greifkrallen, die ausschließlich tierische Nahrung fressen, nennt man Raubvögel. Bei den meisten Greifvögeln wird das Weibchen größer als das Männchen. Bei der Jagd schweben sie fast ohne Flügelschlag in der Luft, mit ihren scharfen Augen sind sie imstande, ihre Beute auch aus großer Höhe zu erspähen. Es gibt zwei Ordnungen: die Tagraubvögel oder Greifvögel und die Nachtraubvögel oder Eulen. Beide sind aber nicht miteinander verwandt. *1* Wanderfalke, nach Beute ausspä-

hend *2* Kondor, ein mächtiger Geier *3* Mäusebussard mit Beute aus der Familie der Falken *4* Fischadler mit Beute. *Rechte Seite: 5* Uhu aufrecht auf dem Gemäuer, ein Nachtraubvogel *6* Habicht mit Beute, am Nest die hellflaumigen Jungvögel fütternd. Er geht am Tage auf Raub aus *7* Schleiereule *8* Steinkauz (Käuzchen). Beide Tiere sind ebenso wie der Uhu Nachtvögel. Sie gehören zur Familie der Eulen, sehen und hören ausgezeichnet und fliegen fast geräuschlos, wenn sie ihre Beute, vor allem Mäuse, aufspüren, verfolgen und erlegen. ☛ Greifvögel S. 201

Singvögel

Singvögel gibt es in sehr vielen und sehr verschiedenen Arten; weil sie stark entwickelte Stimmwerkzeuge haben, können sie laut und schön singen, während andere Vögel nur piepsen und zwitschern. Aber nur die Männchen stimmen die Lieder an; sie verkünden damit, daß ihnen ein bestimmtes Gebiet gehören soll. Gleichzeitig locken sie damit auch das Weibchen an. Singvögel leben gern auf Bäumen und in Sträuchern; einige nennt man nach ihrem Nistplatz auch Höhlenbrüter, dazu gehören die Meisen und die Stare. Sie brüten

in Baumhöhlen oder Mauerlöchern. Singvögel ernähren sich von Raupen und Larven und sind daher sehr nützlich; man sollte sie schützen, wo man nur kann. *1* Teichrohrsänger, die Jungvögel im Nest fütternd *2* Stieglitz im Flug *3* Rotkehlchen *4* Kohlmeise *5* Singdrossel *6* Zaunkönig *7* Buchfink *8* Rauchschwalbe am Nest mit Jungvögeln *9* Sperling *10* Star *11* Eisvogel mit gefangenem Fisch; dieses schön gefärbte Kerlchen ist kein Singvogel, sondern nistet nur in ähnlichen Gebieten wie der Teichrohrsänger *12* Bachstelze *13* Lerche *14* Amsel mit Regenwurm. ☛ Singvögel S. 215

146 **Rabe**

Raben haben starke Schnäbel und kurze bis mittellange Flügel. Sie sind Allesfresser und nisten recht häufig in Bäumen, Mauer- oder Felsspalten. In altem Mauerwerk oder an Türmen leben bei uns vorzugsweise Dohlen; sie sind richtige Stadtvögel geworden. Die Stimmen der Raben sind meist rauh und krächzend. Außer auf Neuseeland findet man Raben auf der ganzen Erde. *1* Auf dem Pfahl eine Elster *2* Auf dem Stamm ein Eichelhäher mit Eichel im Schnabel *3* Rabenkrähe *4* Kolkrabe *5* Dohle. ☛ Raben S. 211

Kuckuck
Der Kuckuck ist ein europäischer Zugvogel, der den Winter in Afrika verbringt. Er brütet nicht selbst, sondern legt seine Eier anderen Vögeln ins Nest, die sie ausbrüten. Das Männchen ist bekannt durch seinen klangvollen Ruf. Die Pflegeeltern des jungen Kuckucks sind verschiedene Singvogelarten. Sogar der kleine Zaunkönig kann einen Kuckuck aufziehen. Auf dem Bild oben ein Kuckuck mit dem Ei im Schnabel, unten ein junger Kuckuck im Nest einer Mönchsgrasmücke, die ihn füttert und aufzieht. ☛ Kuckuck S. 206

148 Vögel im Haus

Es gibt einige Vögel, die sich zähmen lassen und an das Zusammenleben mit den Menschen gewöhnen. Sie leben in einem kleinen oder sehr großen Käfig; manche sind auch so zahm, daß man sie im Zimmer und Haus frei herumfliegen lassen kann. Doch dafür eignen sich nur ganz bestimmte Vögel. Auf keinen Fall darf man Wildvögel einfach nur einsperren. Wer einen Käfig-(Stuben-)Vogel als Haustier haben will, muß ihn sauberhalten, richtig füttern und ihn auch immer wieder ansprechen und im Raum frei fliegen lassen. Dann er-

freuen uns diese Vögel als Sänger, mit spottend klingenden Tönen oder einfach mit der farbigen Pracht ihres Gefieders. Sehr beliebt sind einige Papageienarten wegen ihrer Begabung, die menschliche Stimme nachzuahmen. Das Bild zeigt verschiedene Vögel, die gut zu halten sind.

1 Grauer Kardinal *2* Roter und gelber Kanarienvogel *3* Zebrafink *4* Tigerfink *5* Gimpel (Dompfaff) *6* Olivgrüner Astrild *7* Reisfink *8* Distelfink (Stieglitz) *9* Gelbbrust-Ara *10* Rosa Kakadu *11* Gelbmantel-Lori *12* Halsbandsittich *13* Schwarzköpfchen *14* Wellensittich. ☛ Singvögel S. 215

150 **Tierfährten**

Überall umgibt uns Leben. Vieles sehen und hören wir: zwitschernde Vögel, blühende Pflanzen, Tiere, die sich bewegen, den Wind, der mit den Blättern der Bäume spielt. Es gibt aber auch Lebendiges, das wir nicht erblicken, weil wir es nicht beachten oder weil wir nichts davon wissen. Davon gibt es Spuren. Spuren können nachträglich ganze Geschichten erzählen: Kreidestriche auf der Straße zeichnen einen Unfall auf, Fußspuren auf sandigem Boden verraten uns, ob hier ein großer oder kleiner Mensch gegangen ist, ob er lang-

sam spazierte oder ob er es eilig hatte und rannte. Auch die Tiere hinterlassen Spuren. Am besten sind sie im Winter draußen im Freien zu erkennen. In der Sprache der Jäger werden diese Spuren genau unterschieden: eine *Fährte* hinterlassen die Schalen und Ballen des Schalenwildes (z. B. Reh), Niederwild wie Hase oder Fuchs hinterlassen eine *Spur,* die Bodenabdrücke des Federwildes, etwa des Fasans, werden *Geläuf* genannt. Einige typische Tierspuren: *1* Fasan *2* Eichhörnchen *3* Reh *4* Fischotter *5* Hirsch *6* Wildschwein *7* Rebhuhn *8* Bär *9* Hase *10* Wolf *11* Fuchs.

152 **Tiere und Pflanzen der Alpen**

Die Alpen sind das mächtigste Hochgebirge Europas, ihr höchster Gipfel, der Montblanc, ist 4810 m hoch. Bis zu einer Höhe von 2000 m reicht die Pflanzendecke, bis zu 1700 m gedeihen noch Bäume, die höchsten Bergspitzen sind mit ewigem Schnee bedeckt. Alpenpflanzen müssen in der kurzen schneefreien Zeit des Hochsommers zu Blüte und Samenreife kommen. Viele Alpenpflanzen sind so schön und selten, daß es unter Strafe verboten wurde, sie zu pflücken oder auszugraben und mitzunehmen. Auch die Alpentiere

sind dem Gebirge angepaßt. Sie sind genügsam und gute Kletterer. Ihr Winterfell schützt sie gegen Kälte. *1* Steinadler *2* Horst des Steinadlers mit Jungvögeln *3* Gemse *4* Alpendohle *5* Tannen *6* Alpensteinbock, schon seit langem sehr selten geworden *7* Mufflon. Dieses einzige Wildschaf Europas finden wir nur noch in den Felsenbergen von Korsika und Sardinien *8* Hirsch *9* Alpeneidechse *10* Edelweiß *11* Enzian *12* Frühlingsenzian *13* Alpen-Mannstreu *14* Alpenrose *15* Türkenbund *16* Küchenschelle *17* Silberwurz *18* Alpensalamander *19* Murmeltiere vor ihrer Höhle *20* Fichten.

Tiere der Wälder
Hirsche nennt man eine Familie von paarzehigen Huftieren, die einen kurzen Schwanz haben und bei denen die Männchen meist ein Geweih tragen. Hirsche leben am liebsten in Wäldern. *1* Eine Rentierherde in der Tundra von Lappland *2* Ein Ren mit dem ausladenden, breit verzweigten Geweih. Bei diesen Tieren tragen auch die Weibchen stets ein Geweih *3* Im Vordergrund ein Elch mit schwerem, schaufelförmigem Geweih, langer Schnauze und überhängender Oberlippe *4* Rothirsch mit breitem, spitz auslaufendem Geweih *5* Damhirsch

mit zurückgezogenem Geweih und rotbraunem, weißgeflecktem Fell. Im Vordergrund eine Rehfamilie: *6* der Rehbock mit Gehörn, die Rehgeiß (Ricke) und das Junge mit getupftem Fell (Rehkitz, Rehkalb). Eines der Jungen ist im halbhohen Gras ruhend beinahe unsichtbar versteckt. Das Geweih ist ein Knochenauswuchs, und es wird jedes Jahr abgeworfen. Das neu heranwachsende Geweih ist mit einer pelzigen Haut überzogen, die viele Blutgefäße hat. Das Blut transportiert dabei das Material für den wachsenden Geweihknochen.

☛ Hirsche S. 202

156 **In der Tundra und am Eismeer**
In der Kältesteppe (Tundra) und den Bergen und Küsten am Eismeer sind Tiere und Pflanzen der eisigen Umwelt angepaßt. *1* Der gelblichweiße Eisbär *2* Rauhfußbussard, an den abgerundeten Flügeln gut erkennbar *3* Wildgänse fliegen als Zugvögel bis nach Nordafrika *4* Lärchen sind anspruchslose Nadelbäume *5* Schnee-Eule *6* Schneehuhn *7* Schneehase *8* Schneefuchs: Sie haben sich in Farbe, Federkleid und Fell deutlich angepaßt *9* Der mächtige Braunbär *10* Lemminge sind Wühlmäuse, die sich in warmen Jahren ge-

waltig vermehren *11* und *14* Fichten *12* Der Bison ist bis heute fast ausgerottet worden *13* Der Moschusochse lebt herdenweise in der Tundra und auf den Polarinseln *15* Adler *16* Der grauschwarze Wolf ähnelt dem Schäferhund *17* Der Puma (Silberlöwe), eine Wildkatze, ist in der Jugend gefleckt, später rötlichgrau *18* Das Ren (Rentier), Haustier der Eskimos *19* Der rotbraune Präriehund ist ein Nagetier (Hörnchen) mit bellender Stimme und buschigem Schwanz, es lebt gesellig in selbstgegrabenen Höhlen. ☛ Bären S. 194, Tundra S. 218

Aus der Tierwelt Südamerikas

Tiere aller Art tummeln sich in den verschiedenartigen Lebensräumen Südamerikas, im Tropenwald an den großen Strömen, in den weiten Steppen, auf den Bergebenen und im Hochgebirge der Anden: Affen, Raubtiere, Kamele, Nagetiere, Schlangen, Gürteltiere, Alligatoren und vielerlei Vögel. Einige wenige Beispiele zeigt dieses Bild: *1* Das Oppossum, eine flinke Beutelratte mit kurzen Beinen und kräftigem Greifschwanz *2* Vor einer Orchidee schwebt *3* ein winziger Kolibri *4* Ein Falter aus der Familie der Morpho *5* Der Quetzal (auch

Quesal), der berühmteste Vogel der mittelamerikanischen Bergwälder *6* Der Vampyr, eine Fledermaus. Sie lebt vom Blut ihrer Opfer, die sie mit ihren messerscharfen Schneidezähnen anzapft *7* Das Lama. Es lebt in den Hochebenen der gewaltigen Kordilleren und gehört zu den Kamelen *8* Der Schirmvogel aus den Wipfelregionen am Amazonas stößt brüllende Laute aus und heißt deshalb auch Stiervogel *9* Das Gürteltier und *10* Das Borstengürteltier haben zum Schutz einen Hornpanzer *11* Der größte Ameisenbär wird über 2 m lang *12* Laubheuschrecke mit geteilten Flügeln.

 Tiere im tropischen Regenwald
Die Urwälder Afrikas *(1, 3, 5, 7)*, Indiens *(5, 12, 13, 17, 18, 19)*, Mittel- *(2, 4)* und Südamerikas *(4, 6, 8, 9, 10, 11, 20, 21)* mit den angrenzenden Steppen und Savannen gehören zu den letzten Gebieten unserer Erde, wo Tiere und Pflanzen noch ursprünglich wachsen und gedeihen. *1* Gorilla, größter Menschenaffe, *2* Wickelbär, Kleinbär mit langem Wickelschwanz *3* Mausmaki, Halbaffe mit sehr langem Schwanz *4* Faultier, träge lebendes Baumtier *5* Schlanklori, großäugiger Halbaffe *6* Jaguar, große Raubkatze, dunkel gefleckt *7*

Schimpanse, leicht zähmbarer Menschenaffe *8* Wasserschwein, größtes lebendes Nagetier *9* Ameisenbär, Säugetier mit klebriger Fangzunge *10* Flaggensylphe, ein Kolibri *11* Tukan (Pfefferfresser), großer bunter Spechtvogel *12* Gibbon, langarmiger kleiner Menschenaffe *13* Palmenhörnchen, braungesprenkeltes baumbewohnendes Nagetier *14* Orang-Utan, gewaltiger Menschenaffe (nur auf Borneo und Sumatra) *15* Ara, Langschwanzpapagei (in allen Erdteilen außer Europa) *16* Tamandua, geschickt kletternder Vierfinger-Ameisenbär *17* Katta, zierlicher Halbaffe *18*

 Nashorn, mächtiges dickhäutiges Säugetier *19* Tiger, Großkatze mit gelbrotem Fell mit schwarzen Querstreifen (in ganz Asien) *20* Schienenschildkröte, im Wasser in Schwärmen auftretend *21* Gürteltier, nächtliches Säugetier mit knorpligem oder knöchernem Panzer. ☞ Regenwald S. 212

In der Steppe Afrikas

Die Tierwelt der afrikanischen Steppe ist vielfältig und voller Überraschungen. Allerdings, je mehr die Menschen in diese natürliche Lebensgemeinschaft eingreifen, um so größer wird die Gefahr, daß dieser Lebensraum auseinanderbricht. Am

Fuße des Kilimandscharo können wir heute noch in ihrer natürlichen Umwelt die Tiere und Pflanzen beobachten. *1* Kronenkranich *2* Aasgeier *3* Eine Schirmakazie *4* Gaukler, ein habichtartiger Greifvogel *5* Leopard *6* Zebra *7* Nashorn *8* Strauß *9* Gnu *10* Kronenkranich *11* Giraffe *12* Elefant *13* Marabu *14* Impala *15* Eritrea-Spießbock *16* Kaffernbüffel *17* Zebra *18* Giraffengazelle *19* Löwe *20* Gepard *21* Pelikan *22* Nilpferd *23* Sekretär *24* Krokodil *25* Rosa Flamingo *26* Kudu *27* Hyäne *28* und *29* sind Wüstentiere, die sich in die Steppe wagten: Wüstenspringmaus und Wüstenfuchs.

Reptilien

Die etwa 6000 verschiedenen Arten von Kriechtieren haben, auch wenn sie zusammengehören, äußerlich wenig Gemeinsames: die einen haben einen rundlichen, andere einen abgeplatteten Körper, wieder andere sind wurmförmig gestreckt, die einen kriechen ohne Füße dahin, die anderen sind gepanzerte Vierbeiner. Alle atmen durch Lungen. Mit Ausnahme der Landschildkröten sind die Reptilien Fleischfresser. Sie sind nur rege, wenn es warm ist. Bei Kälte erstarren sie; sie halten einen Trocken- oder Winterschlaf. Die meisten

Kriechtiere kommen deshalb auch in den warmen Ländern vor. Die größten, schon lange ausgestorbenen Kriechtiere waren die Saurier in der Vorzeit. Die vier hauptsächlichen Ordnungen der Kriechtiere sind: die Brückenechsen, die Schildkröten, die Krokodile und die Schuppenkriechtiere. Als Beispiele zeigt das Bild: *1* Australische Kragenechse *2* Meerechse (Leguan) *3* Chamäleon mit hervorgeschnellter Fangzunge *4* südamerikanischer Grüner Leguan *5* Nilkrokodil *6* Griechische Landschildkröte *7* Brillenkaiman *8* Gecko *9* Smaragd-Eidechse. ☛ Reptilien S. 212, 114–121

166 **Kriechtiere aller Art**
Dieses Bild zeigt Beispiele von unterschiedlichen Kriechtieren: Schildkröten *(1, 13)* und Schuppenkriechtiere *(2, 4, 5, 7, 10, 11, 14, 15, 18);* zu diesen gehören auch die Schleichen *(8, 16)* und Schlangen *(3, 6, 9, 12, 17, 19). 1* Die Elefanten-Schildkröte, Gewicht 100 kg *2* Komodo-Waran, eine große Wasser-Eidechse *3* Korallenschlange *4* Die Meerechse, ein sehr großer Leguan *5* Die giftige dickschwänzige Krustenechse ähnelt dem Feuersalamander *6* Die giftige Brillenschlange (Kobra) richtet sich bei Gefahr auf *7* Radfahrer-Eidechse *8*

Erzschleiche *9* Würfelnatter *10* Gecko *11* Basilisk *12* Die Felsenpython gehört zu den Riesenschlangen, Länge 10 m *13* Griechische Landschildkröte *14* Grüner Leguan *15* Agamen finden wir in den asiatischen und afrikanischen Wüsten *16* Die Blindschleiche gehört zu den Echsen und kann mit ihren goldgelben Augen gut sehen *17* Die giftige Klapperschlange rasselt bei Gefahr mit ihrer Schwanzspitze *18* Chamäleon *19* Die Königsschlange (Boa constrictor) aus Südamerika gilt als eine der schönsten Schlangen, Länge 5 m.

☛ Reptilien S. 212

168 **Wasservögel 1**

Wasservögel im engeren Sinn sind Vögel mit Schwimmfüßen: die Ruderfüßer, die Sturmvögel, die Pinguine, die Taucher, die Zahnschnäbler, die Alken, die Möwen und manche andere. Im weiteren Sinn nennt man Wasservögel überhaupt jene Vögel, die am Wasser und im Wasser leben, etwa die Schnepfenvögel und die Regenpfeifervögel oder die Reihervögel. Ihr Körper ist ähnlich wie ein Kahn gestaltet, so daß sie gut und schnell schwimmen können, und ihr Federkleid kann durch ein besonderes Fett das Wasser abstoßen. Einige

Wasservögel aus unserer Heimat und aus der weiten Welt zeigen die beiden Bilder auf dieser und auf der nächsten Seite;
1 Brütender Prachttaucher *2* Bleßhuhn-Pärchen *3* Pelikane im Flug – Pelikan am Ufer mit einem erbeuteten Fisch *4* Stockenten im Flug – Stockente am Ufer, davor im Wasser Jungvögel schwimmend *5* Albatros *6* Mandarinente *7* Graugänse im Flug – Graugans am Ufer *8* Lachmöwe *9* Höckerschwan im Nest mit zwei Jungvögeln – ein Schwanenpaar fliegend *10* Schwarzer Schwan schwimmend.
☛ Wasservögel S. 219

Wasservögel 2

1 Der langschnäbelige Ibis im Nest *2* Flamingo am Wasserrand auf Nahrungssuche – Flamingos mit gestrecktem Hals und abgespreizten Beinen im Flug *3* Große Rohrdommel, im Nest im Schilfdikkicht brütend *4* Indischer Marabu mit ausgebreiteten Schwingen, die Flügelspannweite kann bis zu 3 m betragen *5* Ein fliegender Fischreiher setzt zur Landung an *6* Säbelschnäbler bei der Nahrungssuche im seichten Wasser *7* Der hochbeinige Regenpfeifer, ein Zugvogel, der in Afrika überwintert *8* Der Kiebitz, der vor allem sumpfige Gegenden

liebt *9* Der Löffler (Löffelreiher), dem Ibis verwandt *10* Der kurzschnäbelige seltene Kronenkranich, den man in unserer Heimat fast nur noch in Naturschutzgebieten antrifft *11* Der Schuhschnabel, ein taubengrauer Stelzvogel mit massigem Leib. Er watet im Sumpfgebiet des Nils und des oberen Kongo auf Wasserpflanzen und fängt Fische.

☛ Wasservögel S. 219

172 Schmetterlinge

Schmetterlinge gehören zu den schönsten Insekten, und es gibt sie in zahlreichen Arten auf der ganzen Welt.

1 Zitronenfalter *2* Schwarzgefleckter Blauling oder Randpunkt *3* Admiral *4* Großer Kohlweißling. Auf dem Kohlblatt Eier und Raupe, links daneben die Puppe *5* Totenkopf *6* Feuervögelchen *7* Nachtpfauenauge *8* Aurorafalter *9* Tagpfauenauge *10* Taubenschwanz *11* Rotes Ordensband *12* Schwalbenschwanz mit Raupe und Puppe.

☛ Schmetterlinge S. 214

Käfer

Von links nach rechts sehen wir: *Erste Spalte:* Lederlaufkäfer – Goldlaufkäfer – Puppenräuber – Maikäfer. *Zweite Spalte:* Weidenbock – Roßkäfer – Marienkäfer – Glatter Blattkäfer – Pappelblattkäfer. *Dritte Spalte:* Junikäfer – Brauner Laubschnellkäfer – Grüne Wanze – Moschusbock – Maikäfer fliegend. *Vierte Spalte:* Pappelwickler – Fichtenlappenrüßler – Haselnußwickler – Großer Johanniskäfer – Bücherbohrer. *Fünfte Spalte:* Hirschkäfer – Blauer Maiwurm – Gelbrandkäfer (im Glas) – Möbelbohrer (im Holz). ☛ Käfer S. 204

174 **Leben am Wasser**
Am Ufer sanft ziehender Flüsse, an stillen Seen oder an Teichen und Tümpeln entsteht eine besondere Lebensgemeinschaft von Pflanzen und Tieren, die man in Mitteleuropa noch gut beobachten kann.

1 Schwimmwanze *2* Wasserpest *3* Rauhes Hornblatt *4* links ausschlüpfende Schönjungfer, eine Libelle. Die im Wasser lebende Larve kriecht vor dem Ausschlüpfen an einem Schilfstengel hoch, an dem nach dem Schlüpfen nur die Larvenhaut hängenbleibt, rechts Schönjungfer (vgl. Libelle) *5*

Posthornschnecke (vgl. Tellerschnecke) *6* Erbsenmuschel *7* Köcherfliegenlarve mit Gehäuse *8* Dichtblättriges Laichkraut *9* Streifenmolch *10* Wasserläufer *11* Plattbauchlibelle *12* Wasserskorpion *13* Rückenschwimmer *14* Plattauchlarve *15* Tellerschnecke (Gehäuse) *16* Kolbenwasserkäfer *17* Teichlinse *18* Seerose *19* Eintagsfliege *20* Schlammschnecke *21* Frosch *a* Froschlaich (Eier) *b, c, d, e, f* Entwicklung der Kaulquappe (Froschlarve) *22* Königslibelle *23* Wasserspinne *24* Wasser-Hahnenfuß mit Nest der Wasserspinne (links unten) *25* Schilf. ☞ Teich S. 217

176 **Aquarium**
Im Aquarium, einem Wasserbehälter aus Glas, kann man selbst Tiere und Pflanzen im Süßwasser aufziehen und beobachten. Es soll hell stehen und am Boden mit Flußsand und Moorerde gefüllt sein. Die Besetzung mit Tieren und Pflanzen richtet sich nach der Größe des Aquariums und nach der Wassertemperatur, die übliche Wärme liegt bei 12–18° C sowie 22–25° C. Bei Tieren und Pflanzen für wärmeres Wasser muß man die Temperatur sorgfältig überwachen und für Belüftung und Heizung sorgen. Einige Beispiele von Fischen und

Pflanzen, die sich gut im Süßwasseraquarium halten lassen, zeigt das Bild; das heißt natürlich nicht, daß sie alle im gleichen Gefäß zu halten sind. *1* Gürtelbarbe *2* Zebrabärbling *3a* Goldfisch: Kometenschwanz *3b* Goldfisch: Schleierschwanz *4* Segelflosser (Skalar) *5* Trauermantelsalmler *6* Punktierter Fadenfisch *7* Neonsalmler *8* Keilfleckenbärbling *9* Schleierkampffisch *10* Panzerwels *11* Schwertträger *12* Filter *13* elektrischer Stabheizer *14* Thermometer *15* Futter-Transportkasten. Große Schauaquarien gibt es in Naturkundemuseen und zoologischen Forschungsstätten.

Fische im Fluß

Fische leben nur im Wasser, in allen Meeren, Flüssen, Seen, Bächen und Teichen der Welt. Ihr Körper ist glatt, gestreckt, abgeplattet oder rund und wird angetrieben durch Schläge mit dem Schwanz und indem die Fische mit den Flossen rudern und wedeln. Oft finden sie sich zu großen Schwärmen zusammen, vor allem auf dem Meer (vgl. Fischfang S. 184/185). Nach der Art des Körpergerüstes (Skelett) unterscheidet man einerseits Knochenfische, bei denen das Skelett verknöchert ist, andererseits Knorpelfische, bei denen das Skelett

knorpelig geblieben ist. Je nachdem, wo die Fische vorkommen, spricht man auch von Fluß- und Seefischen. *1* Asche (der Asch), eine mitteleuropäische Lachsart *2* und *3* Forellen, Raubfische aus der Gattung Lachs, links eine Bachforelle, rechts eine Regenbogenforelle *4* Felchen, der vor allem in großen Seen vorkommt *5* Hecht, ein großer europäischer Süßwasserraubfisch *6* Karpfen *7* Barsch, der in Süß- und Salzwasser vorkommt *8* Wels (Katzenfisch), der ruhige Gewässer mit schlammigem Grund bevorzugt *9* Flußmuschel *10* Süßwasserkrebs. ☛ Fische S. 198

180 **Fische und andere Meerestiere**

1 Fliegende Fische *2* Schwertfisch *3* Teufelsrochen *4* Hornhecht *5* Stör *6* Blauhai *7* Hammerhai *8* Dorsch *9* Sprotte *10* weißer Thunfisch *11* Heringe *12* Lachs *13* Meeresschildkröte *14* Medusen oder Quallen *15* Heilbutt *16* Rotbarsch *17* Sardine *18* Meeraal *19* Nagelrochen *20* Flunder *21* Makrele. – Am Meeresboden sehen wir von links nach rechts: Einsiedlerkrebs, ein Krebs, der seinen gewundenen, weichen Hinterleib in leere Schneckenschalen steckt und diese Behausung mit sich herumträgt – Hummer mit zehn großen Füßen und

gewaltigen Scheren – Garneelen, schlanke und grazile Krebstiere – Taschenkrebs (Krabbe) – Seestern – Languste – rechts darunter Seeigel und Seeschnecken – Krake aus der Ordnung der Tintenfische mit sackförmigem Körper und langen Greifarmen – darüber Schlangenstern und Seepferdchen, darunter Seeanemone. – Das Seepferdchen ist ein Fisch, der aufrecht schwimmt. Er lebt an den Küsten in Westeuropa, am Mittelmeer und am Schwarzen Meer zwischen Algen und Seegras. – Die Seeanemone ist keine Pflanze, sondern ein festsitzendes Tier. ☛ Fische S. 198

182 **Wal**

Die Wale sind Säugetiere, die im Meer leben. Sie haben sich so sehr dem Leben im Wasser angepaßt, daß sie aussehen wie Fische. Als Säugetiere atmen sie im Unterschied zu den Fischen durch Lungen und bringen lebende Junge zur Welt. Zu den Walen gehören: *1* Delphine, spielerisch aus dem Wasser springend. Sie haben viele Zähne und gehören deshalb zu der Unterordnung der Zahnwale. Die Heimat dieser Tiere ist das Mittelmeer und der Atlantische Ozean *2* Der Blauwal, das riesigste Tier, das – soweit wir es heute wissen – je-

weils auf der Erde lebte. Die Heimat dieses Bartenwals ist das nördliche und das südliche Eismeer *3* Der Pottwal aus der Familie der Zahnwale. Seine Heimat ist der freie Ozean überall auf der Erde, aber nicht das Eismeer. Auffallend ist die Blaswolke aus Wasserdampf, die der Pottwal beim Auftauchen durch die Nase ausstößt. Die Wale leben gern in Rudeln miteinander *4* Neben dem Pottwal ein Narwal mit Stoßzahn, darunter *5* ein gefleckter Schwertwal, ein kühner und gewandter Räuber aus der Familie der Delphine. ☛ Wal S. 218

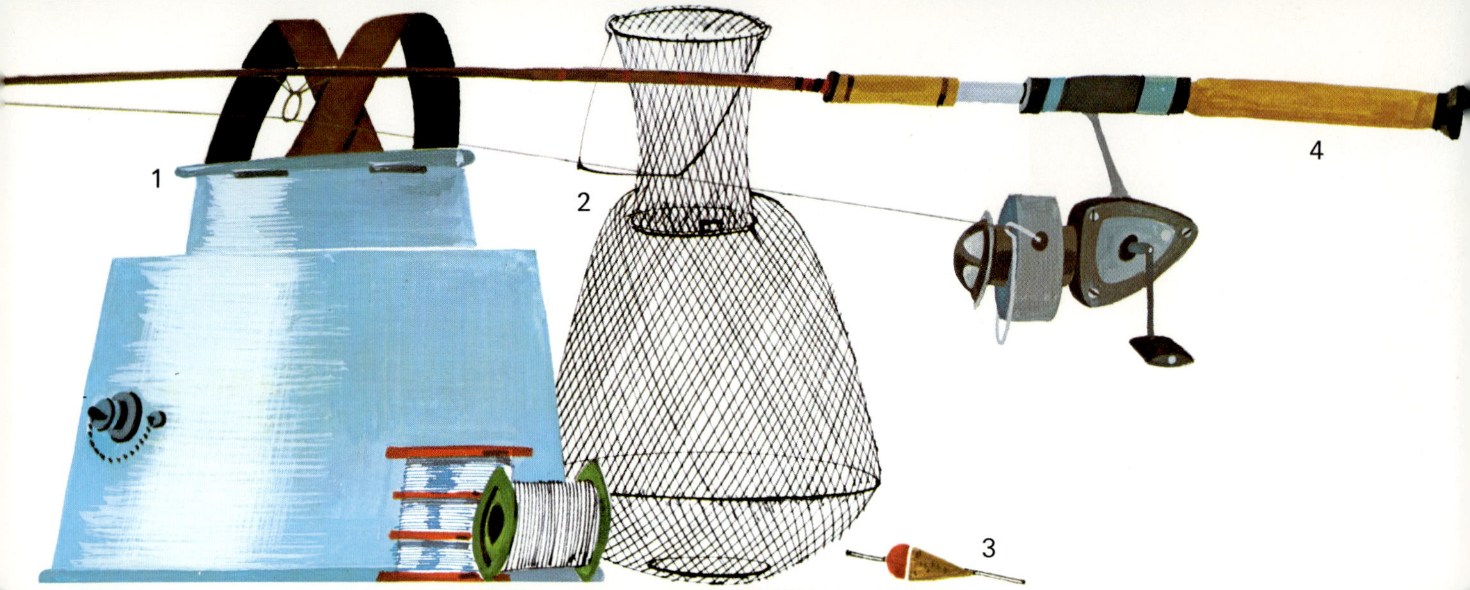

Fischfang

Fische sind eine wichtige Nahrungsquelle der Menschen. Mehr als 30 Millionen Tonnen Fische werden im Jahr gefangen – eine gewaltige Menge, die für jeden Menschen 10 Fische ausmacht, wenn man sie gleichmäßig verteilen würde. Am meisten Fische werden auf hoher See gefangen, vor allem Hering, Kabeljau, Schellfisch, Sardine und Sprotte. Die Verunreinigung der Meere durch Öl, Atommüll oder andere gefährliche Stoffe muß daher unbedingt vermieden werden. *Obere Reihe:* Handwerkszeug des Sportanglers *1* Fischlägel

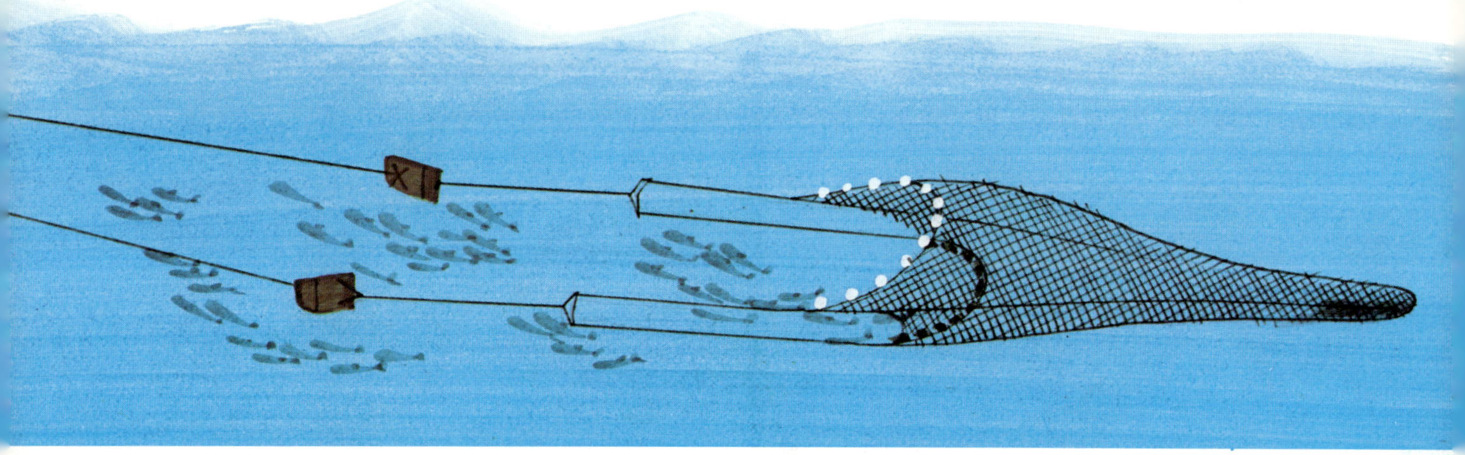

zum Transport lebender Fische *2* Setzkescher zum Aufbewahren lebender Fische an der Angelstelle *3* Schwimmer aus Kork *4* Angelrute mit Rolle und Leine *5–9* Künstliche Fliegen *10* Wobbler, eine Fischnachbildung aus Holz als Köder *11* Spinner (Blinker), eine Fischnachbildung aus Metall als Köder. *Mittlere Reihe:* Sportangler an einem See-Ufer – Unterwasserjagd mit Harpune – Südamerikanische Eingeborene beim Fischfang mit Bogen und speerartigen Pfeilen – Eskimo mit der Harpune am Eisloch. *Unteres Bild:* Hochseefischerei mit dem Schleppnetz. ☞ Fischfang S. 199

Muschel- und Schneckenschalen

Muscheln haben ein Gehäuse aus zwei Schalen, die sie aufklappen und fest verschließen können; Schnecken hingegen, wenn sie überhaupt ein Gehäuse haben, bauen dieses „Schneckenhaus" gewöhnlich in Spiralen auf, die sich meist rechtsherum winden. Die meisten Muscheln leben als Meerestiere im Sand eingegraben oder an Felsen und Uferbauten angeheftet. Schnecken ernähren sich von Pflanzen, die mit Hilfe der Raspelzunge zerkleinert werden. Muscheln und Schnecken bauen die Schalen im Lauf der Jahre aus Kalk auf.

Von diesen beiden Arten von Weichtieren zeigt das Bild: *1* Pilgermuschel *2* Auster, eßbar *3* Phalium *4* Stachelschnecke *5* Strandschnecke *6* Napfschnecke *7* Olivenschnecke *8* Nadelschnecke *9* Pyrula *10* Miesmuschel, eßbar *11* Turm von Babylon *12* Würfelturban *13* Straubschnecke *14* schlichtes Täubchen *15* Herzmuschel, eßbar *16* Rundmundschnecke *17* grünes Meerrohr, eßbar (Innenseite) *18* Pelikanfuß *19* Scheidenmuschel *20* Herkuleskeule *21* Narrenkappe, eßbar *22* Riesenmuschel *23* gemeine Turmschnecke *24* Wendeltreppe. ☛ Muscheln S. 208

1

2

3

4

Täuschung und Tarnung

Viele Tiere können sich fast unsichtbar machen. Durch ihre Färbung, durch bestimmte Formen, Muster und Schattierungen passen sie sich an ihre Umgebung an. Unser Auge läßt sich täuschen, und vielen Tieren geht es ebenso. So können sich schwache und wehrlose Tiere vor ihren Feinden schützen. Aber auch angreifende Großtiere sind oftmals getarnt. Beispiele zeigt das Bild: *1* Die schwarzen Streifen im Fell des Tigers passen genau in den Dschungel *2* Bei Gefahr reckt die Große Rohrdommel Kopf und Hals empor: dann zeigt

5

6

7

8

ihre Unterseite Licht und Schatten wie das Schilf *3* Farbe und Form machen die Heuschrecke in den Gräsern fast unsichtbar *4* Der Tarnanzug der Kröten ist ihre warzige rauhe Haut, die den Steinen und dem Erdboden entspricht *5* Wie ein spitzer Dorn heftet sich die Dornzikade an den Ast *6* Die Spannerraupe klammert sich an den Ast und sieht dann einem abstehenden Zweig zum Verwechseln ähnlich *7* Im Winter hat das Hermelin ein Fell weiß wie Schnee, für den Sommer färbt es sich braun *8* Rotes Ordensband: die Flügel des Schmetterlings – wie Baumrinde – sind sein Versteck.

Ungewöhnliche Tierwohnungen

Nicht nur Vögel bauen Nester. *1* Die Zwergmaus, die nur 7 cm lang wird, heftet ihr rundes, geschlossenes Nest an Halme und an starke Gräser *2* Auch ein Fisch baut ein Nest: der Stichling *3* Das Thermometerhuhn ist in Australien zu Hause. Der Hahn errichtet ein Brutofennest und sorgt dafür, daß die Wärme darin 10 Monate lang bei Hitze und Kälte, bei Nacht und bei Tag gleichmäßig bleibt. Er überwacht die Wärme mit seinem Schnabel *4* Termiten leben unterirdisch oder bauen sich turmartige Hügelnester, die mehr als mannshoch werden

5 Die Kreuzspinne spannt ein kunstvolles Fangnetz aus. *6* Aus aufeinandergehäuften Ästen und Zweigen baut der Biber seine Burg, deren Eingänge unter Wasser sind *7* Der Schneidervogel ist eine Grasmücke in Südostasien. Er näht sich sein Nest aus ein oder zwei großen Blättern mit Baumwollfäden zusammen *8* Webervögel sind eine Familie der Sperlingsvögel. Sie bauen kunstvoll kugelige Nester aus frischen Grashalmen oder Blattrispen *9* Der Seidenlaubenvogel in Australien legt sein Nest als Laube aus dicht durchflochtenen Zweigen an. ☞ Instinkt S. 204

192 **Zugvögel**

Im Spätjahr fliegen unsere Zugvögel in bessere Winterquartiere nach Afrika, im Frühling kehren sie wieder zurück. Meist sind es Vögel, die Insekten als Nahrung im Flug erbeuten. Doch gibt es auch Vögel, die Körner und Gras fressen, ja sogar Raubvögel unter den Zugvögeln. Unser bekanntester Zugvogel ist der Storch. Er baut große, hochgelegene Nester aus Holzteilen, in die er 3–5 weiße Eier legt. In Mitteleuropa sehen wir ihn nur von März bis August. Dann fliegt er mehr als 10000 km weit bis nach Südafrika. ☛ Wanderungen S. 219

Bilderlexikon von A–Z

Adler (S. 140) sind die stärksten und nach den Geiern die größten Raubvögel; mit ausgespannten Flügeln sind sie oft mehr als 2 m breit. Ihr mächtiger Hakenschnabel ist zahnlos. Aus kraftvollem Flug stürzen sie auf ihre Beute hinab und packen sie mit den Krallenzehen („Fänge"). Die Läufe sind befiedert („Federhöschen"). Das Nest wird kunstlos, aber möglichst unzugänglich gebaut, etwa an Felswänden („Adlerhorst"). Adler ziehen ihre nach fünf Wochen aus dem Ei schlüpfenden Jungen mit hingebender Zärtlichkeit auf. Erst nach etwa drei Monaten werden die anfangs von grauweißem Wollflaum bedeckten Jungen flügge. Der Stein- oder Goldadler wird in Asien, Europa und Nordamerika angetroffen; bekannte andere Adler sind Kaiseradler, Seeadler, Fischadler.

Affen (S. 160/161) sind geschickte und gelehrige Säugetiere, die in den Urwäldern der warmen Länder aller Erdteile leben; nur in Australien gibt es keine Affen. Von allen Tieren sind sie den Menschen am ähnlichsten. Sie sind in der Mehrzahl Baumbewohner – nur wenige Affen sind Felsenkletterer –, und obwohl ihr starkes Gebiß gefährlich aussieht, ernähren sich die meisten Affen von Pflanzen und Früchten, gelegentlich auch von Eiern, Insekten und jungen Vögeln. Hand und Fuß haben eine Daumenzehe zum Abspreizen, so daß Hände und Füße gleich gut greifen können; man nennt die Affen darum auch Vierhänder. Die meisten schreien laut und gern, alle hören, riechen und sehen gut. In den Wäldern ihrer Heimat scharen sie sich zusammen in kleineren oder größeren Familien oder in vielköpfigen Herden, geführt von einem wachsamen Leittier.

Man unterscheidet Altwelt- und Neuweltaffen. Die *Altweltaffen* heißen auch nach ihrem Körperbau *Schmalnasen.* Zu ihnen rechnet man die Menschenaffen, die Langarmaffen, die Meerkatzen und ihre Verwandten. Die *Neuweltaffen* heißen auch Breitnasenaffen. Sie bevölkern die Urwälder Südamerikas bis nach Mexiko und sind alle wesentlich kleiner als die Altweltaffen. Zu ihnen gehören die Krallenaffen, die als einzige von allen Affen an den Fingern und Zehen – die Daumen ausgenommen – Krallennägel haben.

Der größte und stärkste Menschenaffe ist der *Gorilla.* Sein Fell ist grauschwarz, er kann mehr als 300 kg schwer und 2 m groß werden. Gorillas leben mehr am Boden als auf Bäumen; wie auch die anderen Menschenaffen streifen sie in halb aufrechter Haltung umher, indem sie sich auf die Handrücken stützen. Heute beginnen sie in Afrika schon selten zu werden.

In den gleichen Gegenden wie die Gorillas leben die *Schimpansen.* Sie werden 75 kg schwer und 1,20 m groß, sind lebhaft, gutmütig, sehr gelehrig und, wenn sie jung sind, leicht zu zähmen. Von den Affen sind sie im Verhalten, Körperbau und Gesichtsausdruck am meisten menschenähnlich.

Der *Orang-Utan* – das Wort ist aus der malaiischen Sprache und heißt: Waldmensch – ist der zweitgrößte Menschenaffe: 1,80 m groß und 100 kg schwer. In kleineren Familien streifen die Tiere in den Wipfeln durch die Urwälder von Sumatra und Borneo, wo sie Blätter und Früchte fressen und nachts ein Schlafnest anlegen. Ihr Fell ist langhaarig rotbraun, das Gesicht schiefergrau. In Gefangenschaft sind die Tiere schwierig zu halten.

Die *Gibbons* sind *Langarmaffen* ohne Schwanz, die sich mit außerordentlicher Geschicklichkeit von Ast zu Ast hangeln können. Sie werden etwa 90 cm groß und 6–12 kg schwer, der Kopf ist klein und eiförmig, der Körper von einem reichen, oft seidenweichen Pelz bedeckt in Schwarz, Braun, Braungrau und Strohgelb. Gibbons sind unter den ohnehin lauten Affen die lautesten Schreihälse.

Halbaffen haben mit den Affen selbst wenig Ähnlichkeit. Sie sind verhältnismäßig klein, die Riesen unter den Halbaffen werden gerade so groß wie eine kräftige Katze. Meist sind sie nächtliche Tiere und dafür auch mit großen Augen ausgestattet, sie huschen behende oder schleichen behutsam durch Büsche und Bäume, wo sie Früchte, Knospen und Blätter suchen. Manche Halbaffen halten einen Sommerschlaf und überstehen so die trockene Jahreszeit. Das Mausmaki (S. 104) gehört unter den Halbaffen zur Gruppe der Lemuren.

Afrikanische Steppe (S. 162/163) Der afrikanische Kontinent vereinigt auf sich drei unterschiedliche Klimazonen: tropischen Regenwald, Wüste und Steppe. Nördlich und südlich des Äquators – das ist eine gedachte Linie, die rings um die Erde läuft, von Nord- und Südpol gleich weit entfernt – folgt auf den Urwald die Savanne und Steppe: ebene Graslandschaften mit vereinzeltem niedrigem Baumbewuchs. Nur an Wasserläufen stößt man auf dichteren Baumbestand. Häufig sind Affenbrotbäume (Baobab), sie gehören mit ihren riesigen Kronen und dem massiven Stamm (bis 40 m Umfang) zu den mächtigsten Bäumen der Erde. Hier finden wir die größten Großwildarten wie Elefanten, Nashörner, Giraffen; ein Vergleich zeigt, daß seit der Vorzeit die Tiere viel kleiner geworden sind. Andere Steppengebiete gibt es in Nordamerika *(Prärie),* Südamerika *(Pampa)* und im Innern Asiens.

Der riesige Brontosaurus lebte vor 100 Millionen Jahren. Er wog soviel wie 15 Elefanten zusammen, war 22 m lang und so hoch wie ein fünfstöckiges Haus. Zum Größenvergleich: Brontosaurus 14 m, Elefant 3 m, Mensch.

Ameise (S. 138) Ameisen sind Hautflügler, von denen auf der ganzen Welt ca. 5000 Arten bekannt sind. Sie bauen Nester oder errichten Ameisenhaufen, unter denen sich noch tief im Erdboden Gänge und Wohnkammern befinden. In einem solchen Ameisenstaat, bei dem jedes einzelne Insekt seine Aufgabe kennt und erfüllt, können manchmal Millionen von Ameisen zusammenleben, von denen die meisten Arbeiterinnen sind. Diese haben keine Flügel. Daneben gibt es auch Weibchen mit Flügeln. Mit den geflügelten Männchen schwärmen sie im Hochsommer zum Hochzeitsflug aus. Die Männchen sterben bald danach, die Weibchen, die man jetzt Königinnen nennt, streifen die Flügel ab und kehren in den Bau zurück – manchmal gründen sie auch eine neue Kolonie –, um ihre Eier zu legen. In einem Bau gibt es oft 100 Königinnen nebeneinander, bei den Roten Waldameisen hat man sogar schon 5000 gezählt. Aus den Ameiseneiern kommen die Larven; sie verpuppen sich, und aus den Puppen schlüpfen dann die Ameisen. Die in Europa heimische Rote Waldameise ist nützlich, weil sie Boden, Büsche und Bäume von Schädlingen frei macht; an einem Sommertag vertilgen die Ameisen eines einzigen Baues 100000 Insekten und deren Larven. Viele Ameisenarten sind Jäger, sie können auch große Insekten überwältigen und ins Nest schleppen. Andere nähren sich von Nektar und anderen süßen Säften. Die australischen Honigameisen speichern Zukkersaft, indem sie damit junge Arbeiterinnen vollfüttern, bis der dehnbare Hinterleib prall gefüllt ist; sie bleiben in besonderen Vorratskammern, bis der Winter kommt. Dann werden sie gekitzelt, damit sie ihren Vorrat wieder abgeben. Die schwarzen Wegameisen und die gelben Wiesenameisen halten sich Blattläuse wie Melkkühe, weil sie eine süße Flüssigkeit ausscheiden.

Termiten (S. 190) bezeichnet man nach ihrem Aussehen als „weiße Ameisen", sie sind aber mit den Ameisen nicht verwandt, sondern mit den Schaben. Wie die Ameisen bilden sie jedoch große Staaten mit Arbeitern, Soldaten, König und Königin. Darin leben viele Millionen Einzeltiere zusammen in unterirdischen Höhlen, in alten Baumstämmen, Hügeln oder in Türmen aus Lehm und Holzsplittern (bis zu 12 m hoch). Bauwerke wie Holzhäuser, Holzbrücken oder Eisenbahnschwellen können Termiten von innen her so zernagen, daß sie zusammenbrechen.

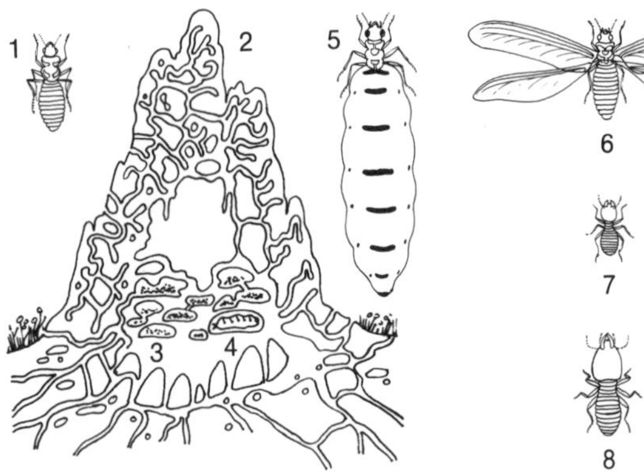

Termitenbau: 1 König 2 Schnitt durch einen Termitenhügel 3 Pilzkammer 4 Kammer der Königin 5 Königin 6 Geflügeltes Geschlechtstier 7 Arbeiter 8 Soldat.

Auto (S. 48/49, 50/51) Seit Jahrtausenden haben die Menschen nach Lösungen gesucht, wie sie mit Fahrzeugen möglichst leicht und bequem von einem Ort zum andern gelangen und schwere Lasten transportieren könnten. Die Fahrzeuge auf dem Land – in der Regel Wagen mit zwei oder mehr Rädern – mußten früher von Menschen oder Tieren geschoben oder gezogen werden. Als die Dampfmaschine erfunden war, unternahm man Ende des 18. Jahrhunderts zunächst Versuche mit diesem Gerät als Antrieb, aber es war zu groß und zu schwer; erst heute erinnert man sich wieder an diese Fahrzeuge, weil die Dampfmaschine weniger Giftstoffe frei macht als der Verbrennungsmotor unserer Autos. Der Verbrennungsmotor, von Nikolaus Otto erfunden, wurde zum Vorläufer der Automotoren, denn er war leicht und kräftig genug, ein Fahrzeug anzutreiben. Damit begann die Entwicklung der Automobile (Kraftwagen), also von Fahrzeugen mit Antriebsmotor, die Menschen und Lasten unabhängig von Schienen über Land befördern können. Die wesentlichen Teile eines Kraftwagens sind das Fahrgestell (Chassis) und der Aufbau (Karosserie). Zum Fahrgestell gehören der Rahmen, auf dem alle wichtigen Teile festgemacht sind, die Federung, die Achsen, die Räder, die Lenkung und die Bremsen; ferner der Antriebsmotor – in dem heute meist Benzin oder Dieselkraftstoff verbrannt wird –, die Teile, die die Motorkraft auf die Räder übertragen, sowie die elektrische Ausrüstung für Anlasser, Beleuchtung, Hupe und manchmal auch Heizung. Personenwagen werden nach der Karosserie unterschieden als geschlossene Wagen (Limousine), als Wagen mit einfaltbarem Verdeck (Kabriolett) oder als zweisitzige offene Sportwagen (Roadster). Lastkraftwagen werden meist durch ihren Verwendungszweck genauer bezeichnet.

Seitdem es Automobile gibt, hat sich das tägliche Leben verändert, das Auto verschafft Vergnügen und viele Annehmlichkeiten, bringt aber auch Belästigungen und Gefahren mit sich. Weil das Erdöl, aus dem man Benzin herstellt, in Zukunft teuer und knapp werden wird, sollen Autos sparsamere Motoren bekommen. Auch wurden in vielen Ländern Höchstgeschwindigkeiten festgelegt, weil dann die Autos weniger Benzin verbrauchen. Jährlich werden in der ganzen Welt rund 25 Millionen Autos hergestellt. – Wer Auto fahren will, braucht einen Führerschein.

Ballon (S. 64/65) Ein Ballon ist ein Luftfahrzeug ohne Antrieb, es schwebt empor, weil das Gas oder die heiße Luft in der kugelförmigen Hülle (aus Stoff, Gummi oder Kunststoff) leichter ist als die umgebende Luft. Mit Leinen ist unterhalb der Ballonhülle ein Korb (Gondel) befestigt, in welchem Menschen oder Meßgeräte Platz finden. Ein Ballon wird vom Wind hierhin und dorthin getragen, nur die Höhe, nicht aber die Richtung kann der Ballonfahrer verändern, indem er Ballast abwirft (z.B. Sandsäcke) und dann wegen des geringeren Gewichtes steigt oder indem er Gas aus der Ballonhülle entweichen läßt und dann tiefer sinkt. Heute dienen Ballone insbesondere zur Erforschung des Luftraums, als Sportgeräte und zu Werbezwecken. Das Bild S. 64/65 zeigt:

Der Ballon der Brüder Joseph und Etienne Montgolfier (Montgolfière), eine 19 m hohe Kugel aus Leinwand, ist zu Ehren des französischen Königs Ludwig XVI. mit Ornamenten und seinem Namenszeichen verziert worden. Durch ein Feuer unterhalb der Öffnung in der Ballonhülle wurde die Luft darin erhitzt. Am 21. November 1783 gelang mit diesem Ballon den Franzosen Pilâtre de Rozier und Marquis d'Arlandre der erste freie Flug von Menschen, der eine knappe halbe Stunde dauerte.

Ebenfalls mit einem Heißluftballon gelang Vincent Lunardi 1784 der erste Ballonaufstieg in England. – Vulcoon, das Beispiel eines modernen Heißluftballons aus den USA.

Um 1850: Aufstieg des französischen Luftschiffers Eugène Godard mit fünf zusammengekoppelten Ballonen. Godard baute auch eine riesige Montgolfière von 14000 Kubikmetern Inhalt. – Zeitgenössischer deutscher Ballon zu sportlichen Zwecken, gefüllt mit Gas. – Höhenballon von Professor Auguste Picard. Mit diesem Gerät erreichte der Schweizer Forscher im Jahre 1932 eine Höhe von 16940 m. Die Ballonhülle, die sich erst in der dünnen Luft der großen Höhe zur vollen Rundung ausdehnte, hatte 30 m Durchmesser. An 32 Auslaufleinen war die 2 m dicke, kugelförmige Kabine aus Aluminium befestigt.

Bären (S. 151, 156/157) Die Bären gehören zu den Raubtieren. Sie haben einen mächtigen, gedrungenen Körper mit dichtem, schönem Fell, einen kurzen Schwanz und kleine, runde Ohren. Die fünf Zehen an den Vorder- und Hinterfüßen sind mit Krallen bewehrt. Anders als die meisten Raubtiere sind die Bären Allesfresser: sie vertilgen Früchte, Beeren, plündern den Honig wilder Bienen, fressen Wurzeln, saftige Gräser, Pilze, Baumknospen, aber auch Krebse, Muscheln, Würmer, Fische und Vögel. Bären können auch andere Säugetiere überfallen und dank ihrer Kraft eine geraubte Kuh oder ein Pferd mit Leichtigkeit fortschleppen. Wenn ein Bär auch plump aussieht, so kann er doch vorzüglich klettern, schwimmen und laufen. Er kann sehr gut riechen, dagegen weniger gut hören und sehen. Im Winter schlafen Bären viel, aber nicht ununterbrochen.

Beim *Braunbär* kommt das manchmal glatte, manchmal gelockte Fell in vielfältigen Schattierungen vor von Schwarzbraun bis zu Dunkelrot/Gelbbraun oder auch zwischen Schwärzlichgrau und Silbergrau. Er kann bis zu 300 kg schwer und aufgerichtet bis zu 2,50 m groß werden. Er brummt und heult bei Wut und Angst und schnauft bei Überraschung. In Europa kommt dieses Tier nur noch in waldreichen und einsamen Gebieten vor, etwa in den Pyrenäen oder den Karpaten. Es gibt 30 verschiedene Arten von Braunbären.

Der *Eisbär* in seinem zottigen, (gelblich)weißen Fell haust im Norden der Erde am Rande des Eismeers. Er ist noch stärker als alle anderen Arten von Bären und hat unter den Tieren keine Feinde. Er jagt nach allen Tieren, die im Meer und an der Küste seiner Heimat vorkommen. Dabei kann er längere Strecken auch unter Wasser zurücklegen, wobei er seine Nasenlöcher zumacht. Der Eisbär mißt von Kopf bis zum Ende des Rumpfes etwa 3 m, sein Gewicht liegt zwischen 450 und 800 kg.

Bauarbeit (S. 30/31) Alle Arbeiten im Bauwesen waren früher mit großen körperlichen Anstrengungen verbunden. Vielerlei Baumaschinen können heute die Arbeit wesentlich erleichtern. Es gibt Geräte zur Erd- und Felsbewegung, zur Beförderung aller Materialien. Wir kennen vor allem: Bagger, Walzen, Planierraupen, Flaschenzüge, Rammen, Stampfen, Pumpen, Förderbänder, Bauaufzüge, Betonmischer, Gießtürme, Kipper und Baukrane, Straßenbaumaschinen sowie Spezialtranporter aller Art. Durch ihre Verwendung kann die Arbeit schneller, leichter und billiger gemacht werden.

Bauwerke (S. 6/7, 30/31) Mit diesem Sammelwort bezeichnet man alle Arten von Gebäuden; dazu gehören auch Bauten, die nicht dazu dienen, Menschen, Tiere oder Sachen unterzubringen. Meist ergibt sich die Bezeichnung und das Aussehen der Bauwerke aus dem Zweck und aus dem verwendeten Material, z. B. Backstein-Kirche, Beton-Brücke, Hoch-Haus. Die uralten Bauwerke aus Holz sind zerfallen, doch zeigen uns etwa die gewaltigen ägyptischen Pyramiden, die als Grabstätten der Könige um 3000 v. Chr. errichtet wurden, daß die Menschen schon in sehr alter Zeit vorzügliche technische Fähigkeiten entwickelt hatten. Eine ungewöhnliche technische Leistung des Altertums sind die Wasserleitungen, die in vielen Bogen und mehrstöckig in offenen oder verdeckten Bächen das Wasser von weit her in die Städte brachten; heute sieht man noch bei Rom, in Südfrankreich (Pont du Gard) und Spanien solche „Aquädukte". Türme und Säulen sind meist Zeichen bestimmter Ideen; die Kirchtürme des Mittelalters sind Zeichen einer besonderen Frömmigkeit, der Eiffelturm ist ein Wahrzeichen von Paris, die Freiheitsstatue sieht man, wenn man zu Schiff nach New York kommt, als erstes. Zum Wohnen und Arbeiten werden heute immer mehr Hochhäuser errichtet; denn in den Städten müssen immer mehr Menschen eng zusammen leben. Zweckmäßig und überlegt bauen ist heute dringend notwendig, weil die Zahl der Menschen auf der Erde mit Schnelligkeit zunimmt: jeden Tag werden rund 130000 Menschen geboren, und in 30 Jahren werden wohl doppelt soviel Menschen wie heute auf der Erde leben. Sie müssen dann wie wir Unterkunft, Arbeit und Nahrung finden.

Beeren (S. 92/93) im eigentlichen Sinne sind Früchte, bei denen die ganze Fruchtwand fleischig wird. Diese umgibt meist mehrere Samen. Es gibt auch giftige Beeren, die meisten aber sind wohlschmeckend und gesund. Hierzu gehören die Weinbeere (Traube; vgl. Wein S. 84/85), Tomate, Johannis-, Heidel-, Preisel-, Holunder-, Stachelbeere und andere.

Brombeere, Himbeere, Erdbeere, Hagebutte werden im Volksmund fälschlich als Beere bezeichnet. Die Beerenzapfen des Wacholders haben zwar beerenartiges Aussehen, sind aber in Wirklichkeit den Zapfen der Nadelbäume nahe verwandt.

Die *Heidelbeere,* auch Blaubeere, wächst an einem Zwergstrauch, der in den Wäldern und Heidelandschaften Mitteleuropas verbreitet ist.

Der *Holunderstrauch* hat weiße, stark duftende Blüten (Verwendung als schweißtreibender Fliedertee) und schwarzviolette Beeren, diese werden zu Marmelade und auch für Suppe und Brei verwendet.

Das Bild verdeutlicht, wie vielseitig ein Grundmodell wie der Bagger abgewandelt wird je nach Verwendungszweck: 1 Laderaupe 2, 7 Verdichtungsgerät (Rüttelplatte) 3, 4, 5 Straßenwalze 6 Hydraulikbagger mit Tieflöffel 8 Seilbagger mit Gittermast 9 Hydraulikbagger mit Greifer 10 mit Transporthaken 11, 12 mit Löffel 13–15 Seilbagger, und zwar: 13 mit Tieflöffel 14 mit Hochlöffel 15 mit Schürfkübel.

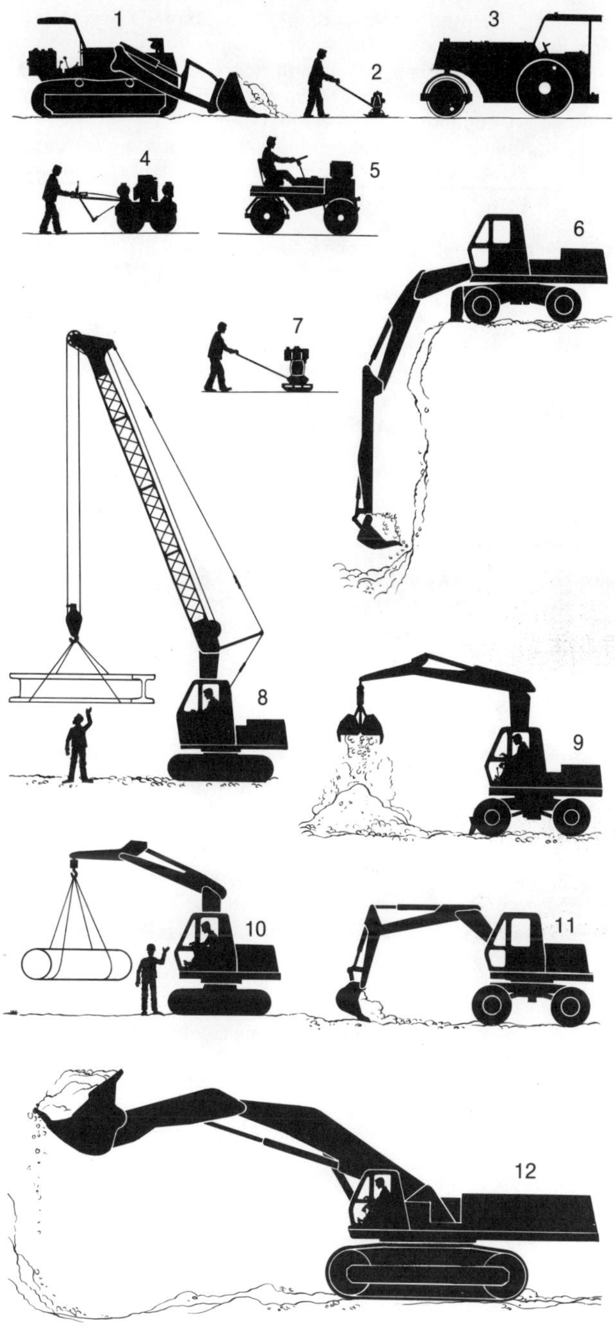

Die *Johannisbeeren* wachsen in kleinbeerigen Trauben am Johannisbeerstrauch; die Früchte sind rot, weiß oder schwarz. Außer als Marmelade finden die Früchte auch für Wein und Likör Verwendung. Nah verwandt ist die *Stachelbeere* mit den streifbehaarten, grünlichgelben oder trübpurpurnen Früchten von säuerlichem Geschmack. Die Stachelbeere liebt gute, feuchte Böden und viel Düngung. Die *Erdbeere*, eine Sammelfrucht aus Nüßchen auf fleischig werdender Blütenachse, kommt wildwachsend als Walderdbeere sowie in verschiedenen, auf Größe und Wohlgeschmack gezüchteten Formen vor. Frucht und Kraut waren früher volkstümliche Heilmittel.

Die *Hagebutte* ist die rote Sammelfrucht der Heckenrose. Aus dem Mark (Hägemark) macht man Marmelade, aus den leicht gerösteten Nüßchen bereitet man Tee.

Die *Brombeere*, eine Sammelsteinfrucht, kommt als sehr stacheliger Strauch in verschiedenen Arten vor, die Früchte sind meist schwarz, selten rot, als gärtnerische Züchtung auch weiß.

Die *Himbeere*, meist rot, selten gelb, ist eine sehr geschätzte Sammelsteinfrucht. Die Verwendung erfolgt als Marmelade, Saft, Branntwein, die getrockneten Blätter werden für Tee genommen.

Der *Wacholder* ist ein Strauch aus der Familie der Zypressen. Die kugeligen Beerenzapfen werden im zweiten Jahr reif. Das Wacholderbeeröl dient zur Herstellung von Branntwein (Steinhäger), das duftende, weiche Holz ist für Tischlerarbeiten gut geeignet.

Bergbau (S. 24/25) heißt ganz allgemein die Tätigkeit, Bodenschätze aufzusuchen, zu fördern und für die weitere Verarbeitung herzurichten. Bodenschätze sind nicht nur Kohle (das Bild zeigt ein Bergwerk, in welchem Kohle gefördert wird), sondern auch Erz (für Eisen), Salz, Erdöl, Blei, Edelsteine, Silber, Gold. Bergbau wird schon seit Jahrtausenden betrieben. Bodenschätze an oder nur wenig unter der Erdoberfläche werden im Tagebau gewonnen; Grubenbau (Untertagebau) hingegen geschieht im Bergwerk, das die oft tief unter der Erde liegenden Bodenschätze erschließt.

Im *Bergwerk* werden tiefe Schächte in die Erde getrieben. Quer dazu werden die Stollen gegraben, bis die Lagerstätte der Bodenschätze erreicht ist. Hier bricht der Bergmann – in früheren Zeiten mit Hammer und Haue, heute mit modernen Maschinen – das Material heraus, das auf Fahrzeugen zurück und an die Erdoberfläche geschafft wird. Alle Schächte und Seitengänge müssen gut ausgemauert oder abgestützt werden, damit sie nicht einstürzen. Wichtig ist im Bergwerk die Bewetterung: das ist die Versorgung mit frischer Luft sowie das Absaugen von verbrauchter Luft und von gefährlichen Gasen; dafür gibt es einen eigenen Schacht, den Wetterschacht. Wo die Kohle oder andere Bodenschätze abgebaut sind, werden die Hohlräume wieder mit Gestein aufgefüllt, damit der Boden oberhalb des Bergwerks nicht einsinkt. In stillgelegten Salzbergwerken wird Atommüll (radioaktiv verseuchte Abfälle) vergraben.

Biber (S. 191) Der Biber ist ein großes (ca. 1 m langes, 20–30 kg schweres) Nagetier, das gern in Familien und am Wasser lebt. Der lange und breite Schwanz dient dem Biber als Ruder, zwischen den hinteren Zehen hat er Schwimmhäute, die Vorderpfoten benützt er wie Hände. Biber hausen in Uferhöhlen oder errichten sich „Burgen" (bis zu 3 m hoch) aus Baumstämmen, Knüppeln, Lehm und Sand. Die Zugangsröhren liegen dabei immer unter Wasser. Wenn das Wasser aber sinkt und der Eingang zur Burg auftaucht, dann bauen die Biber oft sehr breite Dämme aus Bäumen und Schlamm, damit das Wasser wieder die alte Höhe erreicht. Mit ihren scharfen Meißelzähnen können Biber mannsdicke Bäume fällen. Sie fressen Baumrinde, Blätter, Weidenschößlinge, auch Runkelrüben und Gras. Außer den Menschen, die ihn wegen seines weichen und dichten bräunlichen Fells jagten, hat der frei lebende Biber wenig natürliche Feinde. Biber gibt es noch in Nordeuropa, Polen und Rußland, in den Vereinigten Staaten und Kanada; die letzten Biber an der Rhône in Frankreich und an der Elbe in Deutschland stehen unter Naturschutz.

Bienen (S. 133) sind die einzigen Insekten, die den Menschen ein Nahrungsmittel liefern: den Honig. Sie gehören zur Familie der Hautflügler und sind in etwa 12000 verschiedenen Arten verbreitet. Die meisten davon leben vereinzelt und wild in hohlen Baumstämmen; nur die Hummeln, die stachellosen Bienen und die echten Honigbienen bilden Staaten. Ein Bienenstaat (Bienenvolk) besteht aus drei verschiedenen Wesen: einer Königin (Weisel), einigen hundert Männchen (Drohnen) und bis zu 70000 Arbeiterinnen. Auf dem Hochzeitsflug paart sich die Königin mit einer der Drohnen, die sie begleiten. Danach werden die Drohnen vertrieben, so daß sie umkommen. In den Bienenstock zurückgekehrt, legt die Königin 2–3 Jahre lang Eier, und zwar bis zu 2000 Eier täglich. Sie kommen in die wächsernen, sechseckigen Zellen, aus denen die Arbeiterinnen die Waben aufbauen. Nach 3 Tagen schlüpfen aus den Eiern die Larven, die sich entweder in 15 Tagen zu einer Königin oder in 21 Tagen zu einer Arbeiterin oder in 24 Tagen zu einer Drohne entwickeln. Arbeiterinnen leben etwa 5 Wochen, erzeugen Wachs und verfertigen die Waben, sie versorgen die Brut, sammeln Blütenstaub an den „Höschen" der Hinterbeine sowie den Blütensaft, den Nektar, den sie als Wintervorrat und als Nahrung für die Larven in Honig verwandeln. 1500 g Nektar ergeben etwa 100 g Honig; dafür muß eine Biene eine Strecke von mehr als 100000 km hin- und herfliegen. Außerdem verteidigt die Arbeiterin den Bienenstock, ihre Waffe ist ein giftiger Stachel im Hinterleib. Hat sich ein Bienenvolk stark vermehrt, so wächst eine junge Königin heran. Sie bleibt mit der Hälfte des Volkes zurück, während die anderen Bienen mit der alten Königin davonfliegen („schwärmen"), um eine neue Heimat zu suchen. Bienen sind nicht allein als Honigspender wichtig; weil sie von Blüte zu Blüte fliegen, übertragen sie den Blütenstaub und sorgen so für die Befruchtung der Pflanzen, die sie besuchen; Obstbau ist z. B. ohne Bienen unmöglich.

Blumen (S. 98/99, 100/101, 102/103 sowie Vorsatzpapier vorn und hinten) sind Pflanzen mit besonders schön gefärbten und gestalteten Blüten. Die Blüten sorgen dafür, daß sich die Pflanzen vermehren können. Eine vollständige Blüte hat – von außen nach innen betrachtet – folgende Blattkreis-Stockwerke: Kelchblätter, Blütenblätter, Staubblätter, Fruchtblätter. Manchmal sind die Blütenblätter verwachsen wie bei der Winde, manchmal frei wie bei der Rose. Wenn eine Pflanze mehr als eine Blüte auf ihrem Stengel trägt, sind die Blüten zu einem Blütenstand vereinigt. Je nach der Anordnung der Blüten unterscheidet man hauptsächlich die Ähre wie beim Getreide, die Dolde wie bei der Schlüsselblume, das Köpfchen wie beim Klee, das Körbchen wie beim Löwenzahn und die Traube wie beim Fingerhut. Nach der Zeit des Blühens unterscheidet man Frühlings-, Sommer- und Herbstblumen, je nach dem Standort spricht man von Garten-, Gebirgs-, Feld-, Wald-, Wiesenblumen.

Brücke (S. 38/39) Mit Hilfe einer Brücke gelingt es, natürliche Hindernisse wie einen Bach, einen Fluß, ein Tal, eine Schlucht oder einen Arm des Meeres zu überwinden, um einen Pfad, eine Straße, eine Bahnlinie, eine Rohrleitung oder sogar einen Kanal weiterzuführen. Die einfachste und älteste Art von Brükken ist ein Brett oder ein Baumstamm, den man über einen Bach legt. Die uralte Kunst, aus Stöcken und geflochtenen Naturfasern (z. B. Lianen) eine wenn auch schwankende Brücke zu errichten, wird auch heute noch von Naturvölkern ausgeübt. In Europa gab es lange Zeit fast nur Brücken aus Holzbohlen, manchmal gegen Wind und Wetter überdacht (Bild unten Mitte). Bei großen Längen und großer Tiefe ruht die Brücke auf gemauerten Pfeilern. Heute werden Brücken zumeist aus Stahlbeton hergestellt. Die größten Entfernungen überspannt die Hängebrücke, bei welcher die Fahrbahn zwischen den Pfeilern an gewaltigen Stahlkabeln oder Ketten hängt. Wenn eine Brücke über einen Fluß so nieder ist, daß sie die Durchfahrt von Schiffen hindert, baut man sie beweglich zum Hochziehen, zum Beiseitedrehen oder (bei schwimmenden Brücken) zum Wegziehen. Eine große Balkenbrücke (1890 erbaut) führt über den Firth of Forth in Schottland mit 521 m Länge. Eine große Bogenbrücke gibt es am Hafen von Sydney in Australien, sie wurde 1932 erbaut und ist 503 m lang. Eine große und berühmte Hängebrücke ist die Golden-Gate-Brücke bei San Francisco in den Vereinigten Staaten (1281 m lang, 1937 erbaut). Die Salazar-Brücke bei Lissabon führt über den

Tejo und ist mit 2277 m die längste Hängebrücke außerhalb der Vereinigten Staaten, ihre 190 m hohen Pfeiler sind die höchsten in Europa. Sie wurde im August 1966 eingeweiht.

Brüten (S. 190/191) Säugetiere bringen – ebenso wie der Mensch – lebende Junge zur Welt. Andere Tiere, insbesondere die Vögel, legen befruchtete Eier, die während einer bestimmten Zeit erwärmt werden. Dadurch entwickelt sich innerhalb des Eies das Jungtier. Vögel übertragen die eigene Körperwärme im Nest auf die Eier. Für das Ausbrüten hat der Ameisenigel eine Bruttasche, die Beuteltiere haben einen Brutbeutel, Maulbrüter unter den Fischen, wie die Buntbarsche, nehmen die Eier (Laich) ins Maul. Andere Tiere überlassen der Sonne das Brutgeschäft; Reptilien legen ihre Eier in den Sand oder in feuchtwarme Umgebung. Die Brutdauer ist sehr unterschiedlich, bei Vögeln verschiedener Ordnungen geht sie von 11 Tagen beim Sperling bis zu 60 Tagen beim Albatros. Besonders hoch entwickelt ist das Brutverhalten des australischen Thermometerhuhns. In seiner Heimat gibt es Schwankungen der Außentemperatur zwischen Tag und Nacht und in den verschiedenen Jahreszeiten von mehr als 40° C. Im Nest aber muß immer eine mittlere Wärme von 33° C herrschen. Dafür arbeitet der Hahn 10 Monate lang. Zuerst sucht er einen geeigneten Platz und errichtet dann innerhalb von 4 Monaten eine Nestburg von mehr als 4 m Breite und 2 m Höhe, teilweise in den Boden gescharrt, aus Sand, Erde und feuchten Pflanzenteilen. Durch Gärung entsteht darin Wärme. Sobald das Nest aufgeheizt ist, legt die Henne bis zu 35 Eier. Während der anschließenden Brutzeit überprüft der Hahn mit seinem Schnabel dauernd die Temperatur und öffnet oder schließt das Brutnest so, wie es erforderlich ist. Die Jungen, die nach rund 70 Tagen aus den Eiern schlüpfen, sind schon weit entwickelt. Sie müssen vom ersten Tag an für sich selbst sorgen, denn die Elternvögel kümmern sich nicht mehr um sie.

Burg (S. 14/15) Eine Burg war im Mittelalter (ca. 500 bis ca. 1500) der feste Wohnsitz eines vornehmen Herrn mit seiner Familie (Adelige, Ritter). Man baute die Burgen an besonders geschützten Plätzen: auf einer Insel, inmitten eines Sumpfes oder auf einem steilen Hügel, Felsen oder einem Berggipfel, damit man sich gegen heranrückende Feinde leicht zur Wehr setzen konnte. Innerhalb der mächtigen Mauern standen das Herrenhaus mit Küche, Saal und Wohnräumen, daneben die Burgkapelle und die Räume für die Dienerschaft, die Ställe und Vorratsspeicher. Alles überragte ein starker Turm (Bergfried), in den Kellern solcher Türme hielt man Gefangene fest. Einen Brunnen, der oft sehr tief in den Felsen hineingebohrt war, brauchte jede Burg, dazu einen oder mehrere Hofräume mit Platz für Spiele oder zum Anpflanzen von Kräutern und Bäumen. Ein scharf bewachtes Tor bildete den Durchlaß durch die Mauer; wenn es der Platz erlaubte, schützte man sich auf dieser Seite noch mit einem tiefen Graben, über den eine Zugbrücke führte. Auf deutschem Sprachgebiet hat es früher etwa 10000 Burgen gegeben, davon sind etwa 400 erhalten geblieben, in denen man noch wohnen kann.

Das **Dach** (S. 8/9, 12/13) schließt ein Gebäude von oben her ab. In unseren Gegenden muß es vor allem gegen Wind, Regen und Schnee schützen; in südlichen Ländern, wo die Sonne scheint und Regen selten ist, dient das Dach oft als angenehm luftiger Aufenthaltsraum sowie als Sammelbecken für Regenwasser. Es gibt verschiedene Dachformen. Den eigentlichen Abschluß bildet die Dachhaut. Sie schützt gegen Sturm, Frost, Hitze, Feuer. Es gibt die weiche Deckung mit Stroh, Schilf oder Schindeln; die harte Deckung besteht aus Schiefer, Ziegeln, Metall, Glas oder Kunststoffen. Die Geborgenheit unter dem Dach hat die Menschen lebhaft beschäftigt. Unsere Sprache verrät es in den stehenden Redewendungen, die mit dem Dach zu tun haben: Dach der Welt heißt das Pamir-Gebirge; die Hirnschale heißt auch Schädeldach; wenn man jemand streng tadelt, so kriegt er eine aufs Dach oder man steigt ihm aufs Dach. Wenn die Spatzen etwas von allen Dächern pfeifen, so bedeutet das etwas, das allgemein bekannt ist; und wenn etwas endgültig und gut erledigt wird, so wird es unter Dach und Fach gebracht. Bekannt ist auch noch das Sprichwort: Besser ein Spatz in der Hand als eine Taube auf dem Dach (die man also erst fangen muß).

Eisenbahn (S. 44/45, 46/47) Als Vorläufer der Eisenbahn gab es im Altertum und im Mittelalter besonders in Bergwerken Schienenfahrzeuge, die in Spuren aus Stein oder Holzbohlen liefen. Um das Jahr 1800 wurden in großen Städten Pferdebahnen eingerichtet, deren Wagen von Pferden gezogen wurden, während die Räder in Schienen liefen. Im Jahre 1825 legte die erste Dampflokomotive von G. Stephenson eine kleine Strecke in England zurück, zwischen 1826 und 1830 baute man die erste größere Eisenbahnlinie zwischen Liverpool und Manchester, 1835 wurde in Deutschland die Strecke zwischen Nürnberg und Fürth eröffnet. Damals legte der Zug etwa 30 km in der Stunde zurück. Seitdem hat sich die Eisenbahn als ein Transportmittel durchgesetzt, das eine eigene, meist etwas höher gelegte Fahrbahn benützt und mit Hilfe kräftiger Zugmaschinen und besonderer Wagen viele Menschen und große Lasten mit verhältnismäßig geringem Aufwand an Energie schnell befördert. Beim Bau von Eisenbahnen wird die Strecke möglichst gleichmäßig angelegt, damit scharfe Kurven und große Steigungen vermieden werden. Tunnels werden durch Berge hindurchgestoßen, Brücken überwinden Täler und Flüsse. Für den Bahnkörper wird das Erdreich aufgeschüttet und befestigt und mit Schottersteinen belegt, die das Wasser durchlassen. Darauf kommen die meist hölzernen Bahnschwellen, auf welche die beiden nebeneinander herlaufenden Stahlschienen angeschraubt oder eingenagelt werden. Die Breite dieser Spur beträgt in Deutschland und vielen anderen Ländern 1435 mm. Breitspur von 1524 mm haben Rußland, Spanien, Irland und Südamerika, Indien sogar 1600–1676 mm, Schmalspur von 1000–1067 mm gibt es in Japan, Indonesien und Südafrika. Züge werden gezogen von Lokomotiven, früher ausschließlich Dampflokomotiven mit Kohlefeuerung, heute überwiegend mit Elektro- oder Dieselmotoren. Die Eisenbahnwagen sind entweder für Personen oder für Fracht eingerichtet, danach unterscheidet man Reise- oder Güterzüge. Reisezüge, die große

Dachformen: 1 Pultdach 2 Satteldach 3 Walmdach 4 Krüppelwalmdach 5 Terrassendach 6 Zeltdach 7 Mansardendach 8 Sheddach 9 Kegeldach 10 Flachdach 11 Pyramidendach 12 Kuppeldach 13 Romanisches Spitzdach 14 Zwiebeldach 15 Gotisches Spitzdach 16 Helmdach.

Strecken zurücklegen, sind außerdem mit besonderen Speise-, Schlaf- und Aussichtswagen ausgestattet und führen Post- und Gepäckwagen mit sich. Quer durch den amerikanischen Kontinent eilen die Stromlinienzüge der Pazifikbahnen mit Geschwindigkeiten von 160 km, gezogen von dreiteiligen Lokomotiven und auch mit Bädern, Leseräumen und Einrichtungen für Fernsehen und Film versehen. Im Güterverkehr laufen offene oder gedeckte Wagen, auch mit Einrichtungen zum Heizen und zum Kühlen, dazu viele spezielle Transportwagen wie für Kohle, Erz, Öl und auch Tiefladewagen für besonders große Maschinen und Lasten.

Elefanten (S. 162/163) gehören zur Familie der Rüsseltiere. Es sind riesige, bis zu 6000 kg schwere, intelligente und gelehrige Säugetiere mit säulenförmigen Beinen und kleinen Augen. Sie leben in Herden zusammen. Gedächtnis, Gehör und Geruchsinn sind besonders gut entwickelt. Der Rüssel, eine Verlängerung von Nase und Oberlippe, wird oft mehr als 2 m lang und ist äußerst beweglich. Mit ihm greift und tastet der Elefant wie mit einer Hand, holt sich Plfanzennahrung heran, duscht sich und spritzt sich Wasser ins Maul. Auch ist der Rüssel eine gefährliche Waffe, wenn sich der Elefant verteidigt. Die 1–3 m langen, 50–90 kg schweren Stoßzähne liefern das Elfenbein. Elefanten gibt es in den Urwäldern und Steppen von Indien und Afrika; sie können etwa 70 Jahre alt werden.

Der *afrikanische Steppenelefant* wird bis zu 4 m hoch, hat eine flache Stirn, oft sehr lange Stoßzähne und große Ohrlappen, vorn vier, hinten drei Zehen; er ist heute das größte Landsäugetier der Erde. Der kleinere afrikanische Rundohrelefant kommt nur noch in den Urwäldern am Kongo vor.

Der *indische Elefant* hat eine senkrechte Stirn und kleine Ohren, vorn fünf, hinten vier Zehen. Dieses Tier wird seit Jahrtausenden als Reit- und Arbeitstier abgerichtet. Weibchen sind ohne Stoßzahn. Weiße Elefanten sind den Siamesen heilig.

Fähre (S. 62) Eine Fähre ist ein Wasserfahrzeug, das anstelle einer Brücke den Verkehr von Ufer zu Ufer aufnimmt. Eine frei fahrende Fähre ist ein Boot, das durch Ruder oder einen Motor angetrieben werden kann. Die Rollfähre ist an Seilen oder Ketten befestigt, die das Gewässer überspannen. Dem Seil entlang wird die Fähre entweder gezogen, oder das Boot wird schräg gegen die Strömung gestellt und vom Wasserdruck auf die andere Seite geschoben. Trajekt wird ein Fährschiff genannt, das einen ganzen Eisenbahnzug befördern kann, z. B. auf der „Vogelfluglinie" zwischen Dänemark und dem Festland oder zwischen Sizilien und der italienischen Küste.

Fische (S. 176/177, 178/179, 180/181) sind Wirbeltiere, die im Wasser leben. 40000 verschiedene Arten sind bisher bekannt geworden, sie leben in allen Meeren, Flüssen, Seen, Bächen, Teichen und Tümpeln der Erde. Fische atmen meist durch Kiemen: dafür ist ein Teil der Körperwand nach innen oder nach außen gestülpt, und hier wird Kohlensäure aus dem Körper abgegeben und Sauerstoff aus dem vorbeiströmenden Wasser aufgenommen. Durch Querschläge mit dem Schwanz oder der Schwanzflosse bewegen sich Fische im Wasser vorwärts. Die Körpertemperatur ist wechselwarm, sie paßt sich also der Wärme oder der Kälte der Umgebung an. Das Skelett ist entweder knöchern wie beim Hecht oder knorpelig wie beim Rochen. Ein südamerikanischer Zwergwels, nur wenige Millimeter lang, ist der kleinste Fisch; am größten ist mit 20 m Länge der Raubhai. Meist legen die Fische Eier (Rogen) und Samen (Milch) ins Wasser und überlassen die Entwicklung dem natürlichen Zufall. Als Nahrungsmittel dienten Fische den Menschen schon seit den ältesten Zeiten. Heute unterscheidet man die eßbaren Fische vor allem nach den Gruppen Flußfische (Süßwasserfische) und Meeresfische (Seefische).

Flußfische (S. 178/179)

Die *Äsche,* ein Lachs von aschgrauer Grundfarbe, ein besonders schöner Fisch der Bäche und Flüsse Mitteleuropas mit kleinem, kegelförmigem Kopf, 50 cm lang, 1,5 kg schwer.

Der *Felchen* gehört zu den Renken, die wiederum mit den Lachsen verwandt sind. Er wird 75 cm lang, die Schnauze fällt an der Spitze senkrecht ab, die Zunge ist mit feinen Zähnchen besetzt.

Der *Flußbarsch* ist ein hoher und breiter Fisch, am Rücken grüngoldbraun gestreift, Länge 35 cm.

Die *Forellen,* ebenfalls zu den Lachsen gehörend, sind gefleckte schnelle Raubfische. Die *Bachforelle,* vor allem in klaren Gebirgsbächen lebend, wird bis zu 1 m lang und 10 kg schwer, die etwa gleich große *Regenbogenforelle* hat ihre Heimat in den Vereinigten Staaten.

Der *Hecht* bildet eine Familie von Knochenfischen. Der Gemeine Hecht, 1,50 m lang, hat einen gestreckten, walzenförmigen Körper, die Schnauze gleicht einem Entenschnabel. Er ist grünweißlich, seine Beute verschlingt er ganz, sogar Vögel.

Der *Karpfen* im engen Sinn ist ein Glied der Familie der Karpfenfische, die selbst etwa 1200 Arten umfaßt. Er kann bis zu 1 m lang und gut 50 Jahre alt werden.

Der *Wels* ist ein großer, nächtlicher Räuber, der am Grund großer Flüsse und Seen lebt, er jagt Fische, Wasservögel und kleine Säugetiere. Er kann 3 m lang und 250 kg schwer werden.

Meeresfische (S. 180/181)

Der *Aal* (S. 219 „Wanderungen") bildet eine artenreiche Familie von Raubfischen, die teils im Süßwasser, teils im Salzwasser lebt. Der Meeraal hat als Hauptunterschied zu den Flußaalen eine lange Rückenflosse an der Oberseite und an der Haut keine Schuppen. Er wird etwa 3 m lang und 50 kg schwer. Im übrigen ist der Körper der Aale schlangenartig gestreckt, und sie leben gern am schlammigen Grund der Gewässer.

Der *Dorsch* kommt vor allem im Atlantischen Ozean sowie in der Nord- und Ostsee vor. Er wird knapp 2 m lang und 95 kg schwer, seine fettreiche Leber wird zu Lebertran verarbeitet. Größere und ältere Dorsche heißen Kabeljau, der getrocknete, eingesalzene Fisch heißt Stockfisch oder Lippfisch.

Fliegende Fische sind eine Familie von Hochseefischen, die 30–50 cm lang werden und sehr gut schmecken. Mit Hilfe sehr großer Brustflossen können sie 50–200 m weit über dem Wasser durch die Luft gleiten.

Der *Hai* bildet eine Ordnung von Knorpelfischen, von welchen es etwa 250 Arten in allen Meeren gibt. Fast alle größeren Hai-Arten bringen lebende Junge zur Welt. In der Regel sind es gefräßige Raubfische, die auch Menschen angreifen. Ihr Körper ist spindelförmig, der Kopf spitz mit mehreren Reihen scharfer Zähne. Der Blau- oder Menschenhai, 7 m lang, bringt bis zu 50 lebende Junge zur Welt, die von der Mutter noch lange Zeit betreut werden, er lebt in den wärmeren Meeren, dringt aber bis zur Nord- und Ostsee vor. Der Hammerhai, 4,50 m lang, hat einen hammerähnlichen Kopf, an dessen Seiten sich die Augen befinden. Für Menschen nicht gefährlich sind der Riesenhai und der Raubhai.

Der *Heilbutt* ist der größte Plattfisch, bei welchem der Körper flach ist sowie der Kopf mit Mund und Augen auf die Oberseite gewandert sind. Seine Länge kann 2 m, sein Gewicht 200 kg betragen. Die ursprüngliche Heimat dieses Fisches ist vermutlich das Eismeer.

Der *Hering* ist ein 30 cm langer, schlanker Knochenfisch, von dem etwa 200 verschiedene Arten bekannt sind. Heringe im engeren Wortsinn treten zweimal im Jahr in gewaltigen Schwärmen auf, die längs der Küste oder im freien Meer wandern. Sie werden mit großen Netzen (vgl. Fischfang S. 184/185) gefischt. Alsen, Sardinen und Sprotten gehören auch zu den Heringen.

Der *Hornhecht* ist ein flinker Raubfisch, dessen Kiefer mit vielen feinen und spitzen Zähnen gespickt sind. Diese Fische leben gern in Schwärmen dicht an der Oberfläche des Wassers. Ihre Länge liegt bei 60 cm.

Der *Lachs* ist ein räuberischer, schlanker, bis zu 1,50 m langer und 45 kg schwerer Edelfisch, seine Haut ist silberglänzend mit kleinen schwarzen Flecken. Vom zweiten bis zum fünften Lebensjahr lebt er in nördlichen Meeren. Dann wandert er, von seinem Geruchssinn geleitet, in seine ursprüngliche Flußheimat zurück, um dort seine Eier zu legen (laichen). Das rote, fettreiche Fleisch ist sehr geschätzt.

Der *Nagelrochen* ist ein etwa 80 cm langer Knorpelfisch mit Dornen auf der Rückenseite und auf dem Schwanz; er kommt in der Nordsee, im Atlantik und im Mittelmeer vor. Der *Riesenrochen* wird auch Teufelsfisch genannt.

Der *Rotbarsch* gehört zu den Barschen; das sind räuberische Stachelflosser mit gedrungenem Körper, 30 bis 60 cm lang und bis zu 3 kg schwer. Der *Goldbarsch,* ein beliebter Speisefisch in karminroter Färbung, wird vor allem bei Island gefangen.

Die *Sardine* ist ein etwa 20 cm langer, lebhafter, in großen Schwärmen ziehender Hering. Der Fisch wird wegen seines zarten Fleisches in Massen gefangen und gelangt, in Öl eingelegt, in luftdichten Dosen zum Verkauf.
Der *Schwertfisch* ist ein bis zu 5 m langer, gewandter Raubfisch der Hochsee mit einem langen, scharfen, schwertförmigen Fortsatz am Oberkiefer. Er greift sogar Wale und auch kleine Boote an.
Die *Sprotte* ist ein sehr kleiner (10–15 cm lang) Hering mit feinem, fettreichem Fleisch; sie lebt vorwiegend im Küstengebiet von Nord- und Ostsee.
Der *Stör* ist ein großer, 6 m langer, selten gewordener Wanderfisch. Er zieht vom Atlantik und Mittelmeer die Flüsse hinauf, um zu laichen. Sein Rogen (2 mm dicke Eier) ist als echter Kaviar ein teures und seltenes Nahrungsmittel.
Der *Thunfisch*, 2–4 m lang und bis zu 300 kg schwer, gehört zu den Makrelen. Er wird wegen seines rötlichen, wohlschmekkenden Fleisches gefangen, wenn er, besonders im Frühjahr, in dichten Schwärmen vor der Küste entlangzieht.

Fischfang (S. 78, 184/185) Der Fischfang ist neben der Jagd und vor dem Ackerbau einer der ältesten Berufe der Menschen. Indianer und Eskimos erlegen ihre Beute noch heute wie früher mit Pfeil und Bogen oder, an einem Eisloch lauernd, mit einem besonders hergerichteten Speer. Außer als Beruf wird der Fischfang auch als Sport betrieben. In letzter Zeit wird, oft auch zu wissenschaftlichen Zwecken, Unterwasserjagd betrieben. Dafür rüstet sich der Taucher, der längere Zeit unter Wasser bleiben will, mit Sauerstoffflasche, Flossen und Harpune aus. Geduld und gute Kenntnisse von den Lebensgewohnheiten der Fische muß der Sportangler haben. Beim Angeln werden die Fische mit Würmern und künstlichen Ködern angelockt. Zum Handwerkszeug des Anglers gehören folgende Dinge: Fischlägel zum Transport lebender Fische, der Lägel kann wie ein Rucksack getragen werden, Angelleinen auf Spulen; Setzkescher zum Aufbewahren lebender Fische an der Angelstelle; Schwimmer aus Kork; Angelrute mit Rolle und Leine; künstliche Fliegen; Wobbler, eine Fischnachbildung aus Holz, die sich im Wasser wie ein echter Fisch bewegt und dadurch Beute anlockt; Spinner (Blinker), eine Fischnachbildung aus Metall, die im Wasser blinkt und dadurch Beute anlockt.
Die Küstenfischerei und die Hochseefischerei werden mit besonderen Fischdampfern betrieben. Der Fischdampfer auf hoher See hat etwa 20 Mann Besatzung. Zum Fang wird ein Netz von etwa 45 m Länge und 30 m Breite nachgeschleppt, das an langen Tauen aus Stahl befestigt ist. Die Fische werden gleich auf dem Schiff für den Verkauf vorbereitet und in Kühlräumen frisch gehalten oder auch neuerdings in „Fabrikschiffen" an Ort und Stelle verarbeitet.

Flugzeug (S. 68/69) Nachdem Otto Lilienthal 1890 den ersten Gleitflug unternahm und die Brüder Wright 1903 das erste brauchbare Flugzeug mit Motorantrieb bauten, nahm die Entwicklung der Flugzeuge und der Luftfahrt einen stürmischen Verlauf. In der Frühzeit der Flugzeuge wurden vielfältige Formen von Flugzeugen versucht, heute werden die Verkehrsflugzeuge und Militärflugzeuge aller Länder einander immer ähnlicher. Der meist verwendete Flugzeugtyp hat ein Paar Tragflächen, die mit zunehmender Geschwindigkeit auch mehr Belastung tragen können. Daher mußten die Tragflächen früher bei langsam fliegenden Flugzeugen sehr groß sein, während die Gestaltung der Flugzeuge sich heute der Form der Vögel angleicht, bei denen auch der Rumpf selbst das Gewicht in der Luft tragen hilft. Bei Flugzeugen, die schneller als der Schall fliegen, kommt schon fast die Form von Fischen heraus, weil die Wirkung des Luftwiderstandes dann der Wirkung des Wassers ähnelt. Das Segelflugzeug läßt sich von der Luftströmung tragen und emporheben und senkt sich langsam ausschwebend, das Motorflugzeug erzeugt durch Bewegung gegen die Luft den Auftrieb selbst. Die Hauptteile eines Flugzeuges sind:
der *Rumpf*, der die Besatzung, die Fluggäste oder Lasten aufnimmt, bei kleineren Flugzeugen auch Triebwerk und Betriebsstoffe;
das *Tragwerk*, nämlich die Tragflächen zu beiden Seiten, die beim Nurflügelflugzeug die Aufgabe des Rumpfes mit übernehmen und bei den großen Verkehrsflugzeugen die Motoren und Treibstofftanks tragen;
das *Leitwerk*, bestehend aus Seitenflosse mit Seitenruder und Höhenflosse mit Höhenruder, durch welche die Flughöhe und die Flugrichtung bestimmt werden;
das *Fahrwerk* (bei Wasserflugzeugen Schwimmwerk), abgefederte Räder, die bei großen Flugzeugen gewaltig sind und während des Fluges in den Rumpf oder die Tragflächen eingezogen werden können;
das *Triebwerk* mit einem oder mehreren Motoren (die größte Zahl von Motoren hatte die zwölfmotorige DO X), die ihre Kraft auf Luftschrauben (Propeller) übertragen. Heute nimmt die Verwendung von Strahltriebwerken (Düsentriebwerk) stetig zu. Verkehrsflugzeuge mit Strahlantrieb wurden erstmals 1956 (Tupolew Tu 104) in der Sowjetunion, 1958 zwischen Europa und den Vereinigten Staaten (Comet 4, Boeing 707) in Betrieb genommen. Ein solches Passagierflugzeug nimmt etwa 140 Fluggäste auf, erreicht in 12000 m Höhe eine Geschwindigkeit von etwa 800 km und verbraucht in der Stunde etwa 8000 Liter Kraftstoff. Neben der Entwicklung besonders schnell fliegender Flugzeuge wird heute auch an besonders langsam und senkrecht startenden Flugzeugen gearbeitet, weil sie zum Starten und Landen nicht viel Platz brauchen. Dazu gehört der Hubschrauber, der durch waagrechte Propeller (Rotoren) aufwärts und vorwärts getrieben wird und sogar in der Luft stehenbleiben kann.

Fossilien (S. 118/119) sind Versteinerungen, Überreste, Abdrücke oder andere Reste von Tieren und Pflanzen aus früheren Erdzeitaltern. Die Erde selbst ist mehr als 4 Milliarden

1 Ein Saurier der Jurazeit stirbt und sinkt auf den Meeresgrund 2 Schlamm lagert sich über ihm ab, Millionen Jahre vergehen 3 Das Meer ist verschwunden 4 Forscher legen das Fossil frei.

Jahre alt. Von diesen Uranfängen der Erde, die so unvorstellbar weit zurückliegen, werden keine Spuren von Leben gefunden. Erst in Gesteinsschichten, die etwa 500 Millionen Jahre alt sind, konnte man Lebensspuren feststellen: Überreste von Pflanzen und Tieren. Seit etwa 200 Jahren suchen und graben die Forscher nach solchen Zeugen des ehemaligen Lebens auf der Erde. Aus vielen einzelnen Funden gelang es, ein anschauliches Bild der Lebenswelt lange vergangener Zeiten, ausgestorbener Tiere und verschollener Pflanzen zu gewinnen.

Garten (S. 86/87) Der Garten ist ein umhegtes Stück Land, auf dem pflegebedürftige Pflanzen gehalten werden. Im Nutzgarten werden Obst, Gemüse oder Wein zum späteren Verkauf gezogen, die Ziergärten enthalten Blumen und ähnliche Pflanzen, in wissenschaftlichen Gärten – im Schulgarten oder im Botanischen Garten – werden Pflanzen beobachtet oder untersucht. Im ägyptischen Niltal gab es zur Zeit der Pharaonen bereits große bewässerte Gartenanlagen, in denen Rettiche, Lauch, Wassermelonen, Gurken, Feigen, Datteln, Granatäpfel und Wein angebaut wurden. Weil die Arbeit im Beruf heute oft eintönig ist, lieben viele Menschen die Beschäftigung im eigenen Garten als einen angenehmen Ausgleich.

Gemüse (S. 88/89) ist der Sammelname für Nahrungsmittel aus eßbaren Pflanzenteilen (meist gezüchtete Kräuter). Früher wurde nicht viel Gemüse gegessen, heute weiß man, daß die in den Gemüsen enthaltenen Vitamine und Salze höchst wichtig für die Gesundheit sind. Gemüse wird entweder gekocht – aber möglichst nur kurz! – oder roh (meist gerieben) verzehrt; in Gläsern, Dosen und tiefgekühlt wird Gemüse haltbar gemacht. Man unterscheidet: Kohlgewächse, Spinatgewächse, Salatgewächse, Wurzelgemüse (z. B. Karotten), Hülsenfrüchte (z. B. Bohnen), Fruchtgemüse (z. B. Tomate), Stengelgemüse (z. B. Spargel), Zwiebelgewächse und Gewürzkräuter. Gemüse wird hauptsächlich durch Gartenbau (vgl. Bild S. 86/87) gewonnen; es ist „einjährig kultiviert", muß also mit wenigen Ausnahmen alle Jahre neu angepflanzt werden.

Genußmittel Als Genußmittel bezeichnet man Lebensmittel, die wenig oder gar keinen Nährwert besitzen, aber für den menschlichen Körper allgemein anregend sind, weil sie den Geschmack von Speisen verbessern und den Appetit und die Verdauung fördern. Dazu rechnet man vor allem die Gewürze sowie Getränke wie Kaffee, Tee und Wein, in einem weiteren Sinn auch Kakao und Schokolade (vgl. S. 82, 84/85, 96/97).

Geradflügler (S. 136) nennt man eine Ordnung der Insekten von etwa 20 000 verschiedenen Arten. Sie haben ungleichartige Flügelpaare: die vorderen werden zum Fliegen gerade weggestreckt, während nur die Hinterflügel bewegt werden. Die kauenden Mundwerkzeuge sind stark entwickelt. Einige Geradflügler haben Spring- oder Grabbeine.

Die *Gottesanbeterin* ist eine Fangheuschrecke, deren Vorderbeine mit dem gezähnten Ober- und Unterschenkel als Fangarme dienen. Mit eingeklappten Armen, als ob sie zum Gebet erhoben wären, kann sie stundenlang unbeweglich auf Beute lauern.

Die *Stabheuschrecke,* eine flügellose Gespenstheuschrecke, hat einen dünnen, stabförmigen Körper und lange Schreitbeine. In ihrer Schutzstellung gleicht sie auffallend den grünen oder verholzten Zweigen und Stengeln.

Die *Feldheuschrecke* ist eine Pflanzenfresserin. Sie hat Sprungbeine und Flügel, der Körper wirkt wie seitlich zusammengedrückt. Gefürchtet sind von dieser Art die *Wanderheuschrecken,* die in unregelmäßigen Zeiträumen in gewaltigen Massen auftreten – man hat Wolken solcher Heuschrecken gesehen, die 9 km breit und 30 km lang waren – und dabei große Gebiete vollständig kahlfressen.

Grillen sind Grabheuschrecken. Sie haben einen walzenförmigen Körper, die Fühler sind lang und fadenförmig. Die Männchen zirpen mit den umgewandelten Flügeldecken. Die Feldgrille lebt in Erdlöchern auf Wiesen und Feldern; die Maulwurfsgrille (Werre), mit 5 cm die größte Grille, schaufelt sich mit kräftigen Vorderbeinen Gänge unter der Erde und gilt, da sie die Gemüsewurzeln benagt, als Schädling für den Gartenbau.

Die *Küchenschaben* (Kakerlaken) sind lichtscheue Geradflügler, die sich tagsüber und vor allem an warmen Plätzen (früher war das vor allem die Küche mit dem Herd) in Ritzen verbergen, nachts aber hervorkommen und alles Genießbare benagen.

Der *Ohrwurm* wird ebenfalls oft zu den Geradflüglern gezählt; er ist ein harmloser Pflanzenfresser und kriecht nicht ins menschliche Ohr.

Getreidepflanzen (S. 81) sind Gräser mit Körnerfrüchten, wie Roggen, Weizen, Hafer, Gerste und Hirse. Die Fruchtstände nennt man Ähren. Brotgetreide sind Roggen und Weizen; Futtergetreide sind Hafer und Gerste, Hirse gehört zum Breigetreide. In Mitteleuropa wird auf ausgedehnten Feldern vor allem Brotgetreide angebaut. Roggenähren haben kürzere, steife Borsten (Grannen), beim Weizen sind sie glatt und kräftig. Aus den gemahlenen Körnern kommt unser Brotmehl. Gerste ist an den langen Grannen zu erkennen, die Körner werden, ebenso wie beim Hafer, meist als Viehfutter verwendet, aber auch zu Malz verarbeitet, und daraus wird Bier gebraut. Die Körner der Hirse sind klein und sehr nahrhaft und wurden früher viel als Brei gegessen, wie wir in Märchen erzählt bekommen. Im Getreide sind die wichtigsten Stoffe enthalten, die unser Körper braucht, so daß sich ein Mensch zur Not allein von Brot (und Wasser) ernähren kann.

Gewürzkräuter (S. 96/97) sind gezüchtete oder wildwachsende Pflanzen, die in den Wurzeln, Blättern, Früchten oder Samen besondere Stoffe enthalten, die den Geschmack verbessern und den Appetit anregen, wenn man sie, meist in ganz geringen Mengen, zu den Speisen hinzugibt. Früher waren Gewürze so kostbar, daß man zur Bezahlung ihr Gewicht mit Gold aufgewogen hat.

Dill, ein indisches Küchenkraut, gut für Soßen, Salate und beim Einmachen von Gurken, Kürbissen, Sauerkraut.

Muskat(nuß), Samen des Muskatbaumes in Indonesien, Sansibar und Brasilien. Die „Nuß" wird z. B. in Soßen, Fleischbrühe, Spinat und Gebäck geraspelt.

Majoran, ein Küchenkraut aus Frankreich und Chile, köstlich bei Kartoffelgerichten, Geflügel und Hammelfleisch.

Liebstöckel, auch Maggikraut genannt, ist ein bekanntes Suppengewürz und Zutat für alle Kräutermischungen.

Kümmel kommt vor allem aus Holland und ist beliebt als Gewürz in Brot, Käse, Kraut und Rüben.

Paprika sind getrocknete Schotenfrüchte einer milden Art des roten Pfeffers, aber von ausgeprägt feurigem Geschmack.

Bohnenkraut ist ein minzenartiges Küchenkraut, das in ganz Europa vorkommt und gern Suppen, Soßen und Gemüsen beigegeben wird.

Petersilie dient als Würze und zum hübschen Anrichten aller Speisen.

Borretsch ist vor allem im Gebiet des Mittelmeers heimisch und schmeckt wie Gurken und Zwiebeln.

Basilienkraut hat einen süßen, warmen Geschmack mit beißendem Unterton. Etwas für verwöhnte Gaumen.

Rosmarin ist im Mittelmeergebiet heimisch und schmeckt sehr fein zu Geflügel, Fisch, Pilzen, Schaf- und Lammbraten und Eierteig.

Senfsamen wird ganz zum Beizen von Fleisch verwendet und gemahlen zum Würzen von Fleisch, Soßen und Salaten. Feinschmecker machen daraus eigenen Senf.

Bibernell, ein Küchengewürz, aus dessen Wurzeln auch eine Tinktur gegen Halsweh und Heiserkeit gemacht wird.

Thymian, Blätter und Blüten verfeinern den Geschmack von Fleischspeisen, aber auch Suppen, Eiern, Gemüsen. Frische Tomaten und Thymian gehören zusammen.

Lorbeerblätter sind sehr aromatisch und werden an flüssige Speisen gegeben, sind aber selbst nicht eßbar.

Gewürznelken sind getrockente Blütenknospen des exotischen Nelkenbaumes. Ungemahlen werden sie zum Spicken und für Glühwein verwendet, gemahlen an Gemüse und Fleisch, aber auch Gebäck (Lebkuchen) gegeben.

Kerbel ist ein vorzügliches Gewürz für Lammgerichte und mit seinem anisartigen Beigeschmack gut in Kräutersuppen, Eiergerichten und Salaten.

Zimt ist die Rinde eines Lorbeerbaumes aus Ostasien und wird als Stengel in Süßspeisen und Glühwein gegeben, gemahlen in Gebäck (z. B. Zimtsterne) verwendet.

Estragon zum Verbessern von Essig, Senf und Salaten.

Schwarzer Pfeffer heißen die Früchte des in den Tropen angebauten kleinen, kletternden Pfefferstrauches; *weißer Pfeffer* wird durch Schälen der Früchte des schwarzen Pfeffers gewonnen. Pfeffer ist allein und als Curry-Bestandteil häufiges Gewürz.

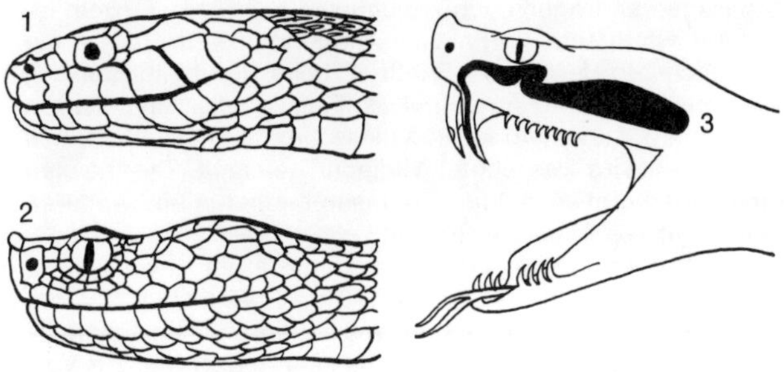

Köpfe von zwei Giftschlangen. 1 Natter 2 Viper 3 Giftdrüse.

Gift Ein Gift ist ein Stoff, der dem Körper Krankheit oder Tod bringt. Gifte können durch den Magen, die Atmung oder das Blut in den Körper eindringen, wir können sie also essen, einatmen oder durch Verletzungen aufnehmen. In jedem modernen Haushalt gibt es tödliche Gifte. Wo Kohlenöfen stehen, kann bei der Heizung Kohlengas entstehen, das tödlich wirkt. Ebenso gefährlich ist das Abgas des Autos; ein Mensch, der bei laufendem Motor in der Garage die Tür zumacht, wird am eingeatmeten Gift sterben. Sehr gefährlich sind verschiedene Reinigungsmittel: etwa Terpentinersatz, Salzsäure oder Methylalkohol. Niemals Gift in Getränkeflaschen aufbewahren; in der Apotheke müssen Gifte in einem Giftschrank verschlossen und mit einem Totenkopfbild zur Warnung bezeichnet sein. In der Natur kommt Gift bei Tieren und Pflanzen vor. Tiere haben Giftstachel, wie die Bienen, Wespen, Hornissen, oder Giftzähne wie bei Nattern und Vipern. Die bekanntesten Giftpflanzen in Mitteleuropa sind die Tollkirsche, der Goldregen und der Knollenblätterpilz. Viele Gifte sind aber auch Heilmittel, wenn sie in kleinen, sorgfältig bemessenen Mengen verwendet werden. Die Extrakte der Tollkirsche, des Fingerhuts und des Mohns gehören zu diesen heilenden, helfenden Giften. Heute sind die Genußgifte weit verbreitet. Sie wirken anregend und vermitteln auch Wohlbehagen. Wir kennen vor allem Nikotin (Zigaretten), Alkohol (Wein, Bier, Schnaps) oder Kaffee und Tee. Gefährlich ist an den Genußgiften die Gewöhnung und der Wunsch, dann immer größere Mengen aufzunehmen. In Mexiko wurde vor 2000 Jahren Tabak geraucht, nach Europa kam er im 16. Jahrhundert. Seither hat man die Gefahren des Rauchens immer deutlicher erkannt. Vor allem ist das im Tabak enthaltene Nikotin gefährlich, weil es im Laufe der Zeit die Blutbahnen im Körper verengt. Außerdem ist sicher, daß Krebs, die tödliche Krankheit, durch das Rauchen gefördert wird. – Als Heilmittel bekannt ist das Opium, der eingetrocknete Milchsaft der Schlafmohnpflanze. Darin ist Morphin enthalten. Dieser Stoff belebt, berauscht und macht müde. In größeren Mengen wirkt er jedoch tödlich. Am Anfang erzeugt der Genuß eine unwahrscheinliche Hochstimmung, doch um diese Wirkung zu erzielen, muß man immer mehr Gift zu sich nehmen. Das führt zum körperlichen Verfall und zum Zusammenbruch aller Kräfte.

Giraffe (S. 162/163) Die Giraffe, ein Paarhufer und Wiederkäuer, ist ein laubfressendes, braun-weiß geflecktes Säugetier, das in Herden in der afrikanischen Steppe lebt. Mit seinem Hals von 2 bis 3 m und den ebenfalls sehr langen Beinen erreicht das Tier eine Scheitelhöhe von 6 m; Gewicht bis zu 500 kg. Giraffen sind friedlich und gesellig, oft sieht man sie zusammen mit Zebras, Antilopen und Straußen. Sie verteidigen sich gegen Raubtiere nicht mit den mit Fell überzogenen Stirnzapfen, sondern mit den starken, sehnigen Beinen; ein solcher Schlag kann sogar einen Löwen fällen. Bei Gefahr gibt der Leitbulle mit dem bequasteten Schwanz das Zeichen zur Flucht. Der Trupp galoppiert dann mit Sprüngen von 4–5 m Weite davon. Heute wird die Giraffe von afrikanischen Staaten vor Ausrottung geschützt.

Gräser (S. 81, 174/175) heißen grüne Pflanzen mit schmalen, spitzen Blättern und hohlen, runden Stengeln (Halmen). Die unscheinbaren Blüten verbergen sich in kleinen Ähren. Man hat auf der ganzen Erde mehr als 4000 verschiedene Arten von Gräsern gefunden. Ohne Gras könnten die Menschen kaum leben, denn die wichtigste Nahrung – nämlich das Brotgetreide für die Menschen und das Futtergetreide für die Tiere – stammt von Gräsern. Außerdem sorgt das Gras mit seinen Wurzeln dafür, daß Wind und Wasser den Erdboden nicht davonwehen und wegschwemmen können. Der Bambus in Südostasien ist mit einer Höhe von etwa 40 m das größte Gras, er kann zum Bauen verwendet werden. In unserer Heimat ist das größte Gras das Schilf, das vor allem in Sumpfgebieten und an See- und Flußufern steht.

Greifvögel (S. 142/143) sind kräftige Vögel mit Krallenzehen und einem scharfen Hakenschnabel. Damit erlegen sie ihre Beute; unverdauliche Haare, Federn und Knochen („Gewölle") werden wieder herausgewürgt.

Wanderfalke, ca. 50 cm lang, Flügel spitz zulaufend, Schwanz rund, Fänge nackt, wie alle Falken vorzüglich sehend, sehr elegant fliegend, treffsicherer Jäger. Zu Unrecht wurden die Falken lange Zeit für schädlich gehalten; durch die unsinnige Verfolgung wurde die Zahl dieser Vögel sehr vermindert.

Kondor, einer der größten Raubvögel aus der Familie der Geier; er wird über 1 m lang, Spannweite der Flügel ca. 3 m. Er lebt in 5000–6000 m Höhe in den Gebirgen Südamerikas, vertilgt Aas (verendete Tiere), überfällt aber auch Lamas, Hirsche und Haustiere.

Mäusebussard, ein nützlicher Vogel aus der Familie der Falken, mit schwachem Schnabel und großen, abgerundeten Flügeln mit einer Spannweite von ca. 1,80 m. Er erlegt im Tag etwa 12 Mäuse und verhindert so die ungehemmte Vermehrung dieser fruchtbaren Nagetiere.

Fischadler, ein Tagraubvogel aus der Familie der Adler mit schwärzlicher Oberseite und schwarz-weißer Unterseite, Flügelspannweite 1,64 m. Der Raubvogel lebt in Wassernähe im Norden und Osten Europas sowie im Mittelmeergebiet.

Uhu, Schleiereule und *Steinkauz* gehören zur Familie der Eulen. Das sind Nachtraubvögel mit großen Augen, weichem, dichtem Gefieder und unhörbarem Flug. Sie hausen tagsüber in Höhlen, Mauerschlupfwinkeln oder Baumlöchern. Der rostbraune Uhu, 66–71 cm groß, erlegt Beute bis zur Größe von Hasen; die langbeinige Schleiereule, 34 cm groß, ruft ähnlich, wie wenn ein Hund kläfft; der braun-weiße Steinkauz, 16 cm groß, hält sich geduckt und bevorzugt als Jagdgebiet – auch tagsüber – offenes Gelände.

Der Habicht ist ein ungestümer Räuber, der nicht nur Hamster und Eichhörnchen, sondern auch Fasanen, Rebhühner und Hausgeflügel erlegt. Die Flügel dieses Tagraubvogels sind kurz – Spannweite bis zu 1,20 m – der gebänderte Schwanz ist lang. Weibchen sind immer viel größer als die Männchen.

Hafen (S. 10/11, 56/57) Als Hafen bezeichnet man einen Liegeplatz für Schiffe, der durch seine günstige natürliche Lage oder künstliche Befestigung Schutz bietet gegen Wellenschlag, Sturm, Hochwasser oder Eisgang; ein Hafen am offenen Meer wird Seehafen, ein Hafen weit im Landinnern wird Binnenhafen genannt. Das Hafengebiet, vom Meer aus betrachtet, beginnt mit der Reede, das ist der Ankerplatz für Schiffe, die auf Einfahrt warten oder ihren Reiseweg nur kurz unterbrechen. Darauf folgt die Hafeneinfahrt, die als Wellenbrecher mit einem Hafendamm eingefaßt ist, an dessen Ende (Molenkopf) oft ein Leuchtturm steht. Jede Hafeneinfahrt hat eine Lotsenstation, wo Lotsen ständig bereit sind, ein- und auslaufende Schiffe durch das Fahrwasser zu steuern. Das Hafenbecken muß mindestens so breit sein, daß Schiffe darin wenden (schwojen) können. Die Ufer sind mit gewaltigen Mauern befestigt und mit allen notwendigen Einrichtungen für das Be- und Entladen der Schiffe versehen, die hier vor Anker gehen. Für die Sicherheit im Hafen sorgt die Hafenpolizei und die Hafenfeuerwehr.

Haus (S. 8/9, 12/13) Für den Menschen ist die Natur nicht nur freundlich. Das spürt jeder, und darum suchten alle Menschen

zu allen Zeiten einen Ort, wo sie sich geborgen fühlen konnten vor den Angriffen der Natur und vor allen Gefahren, auch jenen, die ihnen von anderen Menschen drohten. Etwas Wichtiges gelang den Menschen in uralten Zeiten, als sie die dunkle Wärme der Erdhöhle durch das selbsterrichtete Haus ersetzten. Einfachste alte Hausformen finden wir heute noch bei Naturvölkern, auch die bewohnte Höhle, die vor Unwettern und Gefahren Schutz bietet. Sehr alt sind die runden Hausformen, wie etwa die aus Eisblöcken errichteten Iglus der Eskimos oder die Rundhütten afrikanischer Völker aus geflochtenen Ästen oder Gräsern, womöglich mit Lehm beworfen. Hirtenvölker, die mit ihren Herden von Ort zu Ort ziehen, benützen das Zelt aus Stangen und Tüchern oder Fellen. Zum besonderen Schutz entstand das Haus hoch oben im Geäst eines Baumes oder die Hütte, die auf Pfählen ins Wasser gestellt wurde. Mit der Zeit wollten die Menschen größere und dauerhaftere Wohnungen haben. Sie lernten, Steine zu Mauern zusammenzusetzen oder Wände aus Lehm zu formen, dann gelang es ihnen, feste Steine zu brennen: der Ziegelstein ist eine sehr alte Erfindung. In unseren Gegenden ist Stein – von künstlichen Baustoffen abgesehen – das am meisten verwendete Baumaterial. Natürliches Baumaterial ist der Sand; das ist tatsächlich Gestein, das in Jahrtausenden zu winzigen Körnern zerrieben wurde. Aus Sand werden Mörtel und Beton hergestellt. Kies besteht ebenfalls aus Gesteinstrümmern, die aber noch lange nicht so klein zermahlen sind.
Das Haus im strengen Sinne ist das Wohnhaus, das überall in der Welt ganz verschieden aussieht: in kalten Gegenden anders als in warmen, in der Großstadt anders als auf dem Land, in vergangenen Zeiten anders als heute, das Haus für eine einzelne Familie anders als ein Gebäude, in dem viele Menschen wohnen sollen. In unserer Heimat soll ein Haus im Winter Schutz vor Kälte und Schnee, im Sommer vor übermäßiger Hitze und Regen geben. In heißen, trockenen Wüstengegenden werden hell gestrichene Steinhäuser wie Würfel mit dicken Wänden und winzigen Fenstern errichtet; in feuchten und heißen Ländern soll das Haus luftig sein und vor Ungeziefer schützen; in Gebieten mit viel Regen oder Schnee sieht man oft hohe und steile Dächer. So unterscheiden sich die Häuser nach äußeren Bedingungen. Unterschiede liegen aber auch in den verwendeten Baustoffen – Lehm, Holz, Stein, Beton, Glas, Stahl. Ein weiterer wichtiger Unterschied liegt im Verwendungszweck. Außer dem Wohnhaus kennt man Häuser für Vorräte oder Geräte (Lagerhaus, Speicher, Scheune), für die Verrichtung von Arbeiten (Geschäftshaus, Fabrik, Supermarkt) oder auch Häuser, in welchen sich Menschen zum Vergnügen, für festliche Anlässe oder zum Gebet zusammenfinden (Festhalle, Theater, Tempel, Kirche). Das übliche Wohnhaus besteht aus Keller (unter der Erde), Wohn- und Arbeitsräumen und einem flachen oder spitz zulaufenden Dach.

Haustiere Aus den wild lebenden Tieren haben die Menschen im Verlauf der Entwicklung des Lebens Haustiere gezüchtet. Wahrscheinlich war der Wolf das erste Raubtier, das sich zähmen ließ und sich daran gewöhnte, mit Menschen zusammenzuleben. So entwickelte sich der Haushund. Haustiere sind weltweit verbreitet, viele auch in Gebieten, wo sie ursprünglich als Wild gar nicht zu Hause waren. Oft sind Abstammung und Heimat nicht mehr genau festzustellen, wenn die Wildform ausgestorben ist. Manche Haustiere lassen sich auf eine einzige Urform zurückführen wie das Kaninchen, das vom Wildkaninchen abstammt; andere Haustiere entstanden aus verschiedenen Wildtieren, z.B. das Pferd, das Schaf oder die Ziege. Haustiere werden zum Nutzen gezüchtet, damit man Fleisch, Milch, Wolle oder Felle bekommt; es gibt aber auch Haustiere, die einfach zur Gesellschaft und zum Vergnügen gehalten werden. Wer wenig Platz hat, muß sich mit Vögeln und Fischen begnügen. Bekannt und beliebt sind im Haus und am Haus: Hund, Katze, Pferd, Esel, Kaninchen, Meerschweinchen, Goldhamster. Oft leben wir so vertraut mit ihnen, daß wir ihnen wie Freunden eigene Namen geben, an die sie sich gewöhnen. Den Menschen in anderen Ländern sind andere Haustiere vertraut: im Norden das Ren, in Asien das Yak, in Südamerika das Lama, in China die Grille. Im Altertum gehörten zu den Haustieren auch der Gepard, Affen, ja sogar Löwen. Aber nur wenige konnten sich so kostbares Spielzeug halten. Solche Tiere bewundern wir heute im Zoo (34/35).

Hirsche (S. 154/155) bilden eine ganze Familie von Paarzehern mit kurzem Schwanz, von denen die Männchen ein Geweih tragen, das von Jahr zu Jahr abgeworfen wird und immer wieder nachwächst, und zwar jedes Jahr ein bißchen größer; nur bei den Rentieren tragen auch Weibchen ein Geweih. Einzeln leben alte Rothirsche, in Familien die Muntjaks, in Rudeln die Rothirsche, in Herden die Rentiere; beim Reh bleibt nur das Muttertier bei den Jungen. Das Fleisch aller Hirscharten schmeckt gut, deshalb werden diese Tiere überall gejagt. Aus ihrer Haut wird das echte Wildleder gemacht. Die meisten Hirscharten gibt es in Asien; in unserer engeren und weiteren Heimat gibt es folgende Hirsche:
Der *Rot-* oder *Edelhirsch.* Seine Länge ergibt etwa 2,50 m, seine Höhe 1,50 m, sein Gewicht 170 kg. Er wird etwa 17 Jahre alt. Das Weibchen heißt Hirschkuh (Hindin), das Hirschkalb ist hellgetupft. Das Geweih, eine Waffe zum Angriff und zur Verteidigung, kann 14 Spitzen und mehr haben (Vierzehnender). Hirsche laufen, springen und schwimmen gut.
Der *Elch,* etwa 3 m lang, 2 m hoch, 500 kg schwer, hat einen plumpen Körper mit langer Schnauze und überhängender Oberlippe; dazu mächtige Hufe und ein breit ausladendes (2 m), ebenfalls schaufelförmiges Geweih. Er ist in moorigen Wäldern im Norden Amerikas, Asiens und Europas heimisch.
Das *Reh* ist zierlich und schlank, 1,30 m lang, 75 cm hoch und 30 kg schwer. Der Bock trägt ein kleines, nicht mehr als sechsendiges Gehörn, das kurzhaarige Sommerfell ist rotbraun, das Winterfell ist dichter und graubraun. Rehe bevorzugen dichte Waldungen und Buschgegenden, wo sie sich tagsüber verbergen. Abends treten sie auf Wiesen und Äcker aus, um zu äsen. Die Rehgeißen bekommen häufig Zwillinge.
Das *Ren* (Rentier; S. 157) lebt in den nördlichen Wäldern und Graslandschaften (Tundra) und ist bei den Lappen und Eskimos ein unentbehrliches genügsames Haustier. Sein Fell ist dicht, der Schwanz kurz, das Geweih reichverzweigt. Es dient als Reittier und Zugtier, außerdem liefert es Milch und Fleisch, und sein Fell wird als Leder für Zelte und Kleidung verwendet. Das wilde Rentier, das in Herden vorkommt, heißt *Karibu,* es wird wegen seines Fleisches eifrig gejagt.

Das Huhn gehört zur Ordnung der Hühnervögel. Das sind gedrungene, meist am Boden lebende Scharrvögel mit kleinem Kopf, starkem kurzem Schnabel, abgerundeten Flügeln und mittelhohen Füßen. Das Federkleid bei den Männchen ist stets farbenprächtiger als bei den Weibchen, auf dem Kopf und unterm Hals finden sich rote Kämme und Lappen. Die Hühnervögel fressen Pflanzen, Kerbtiere und Schnecken. Zu ihnen gehören das Haushuhn sowie das Birkhuhn, der Fasan, die Wachtel, das Rebhuhn und das Auerhuhn.

Das *Haushuhn,* von dem es viele Rassen gibt, stammt vom wilden javanischen Bankiva-Huhn ab, das man noch heute in Indien findet. Seit mehr als 2000 Jahren wurden Haushühner gezüchtet, und dabei gelang es, Hühner dazu zu bringen, im Jahr 300 Eier zu legen, während das wilde Huhn nur etwa 20 Eier legt. Das zarte, weiße Fleisch ist ebenfalls sehr begehrt. Das Männchen heißt Hahn, sein Ruf „Kikeriki" ist durchdringend; das Weibchen heißt Henne, und wenn es brütet, wird es Glucke genannt; die Jungen heißen Küken.

Den *Fasan,* einen Hühnervogel mit nackten Beinen, langem Schwanz und ohne Kamm, findet man im offenen, parkartigen Gelände mit dichtem Bodenbewuchs. Das Männchen ist in der Regel prächtig gefärbt, die Schwanzfedern können bis zu 1 m lang werden. Das Tier ist in vielen Rassen vom Schwarzen Meer bis Ostasien verbreitet, sein Fleisch ist wohlschmeckend. Ursprünglich waren die Tiere in Europa wegen ihrer Schönheit in Tiergärten (Fasanerien) gehalten worden, gelangten von dort in die Freiheit und vermehrten sich.

Das *Rebhuhn,* ein erdfarbener Hühnervogel aus der Familie der Fasane, wird etwa 30 cm groß, hat einen unbeweglichen Körper, kurze Flügel und einen kräftigen, gewölbten Schnabel. Es lebt in Gruppen („Ketten") von 10 bis 25 Tieren vor allem in der offenen und ebenen Landschaft. Wegen seines zarten Fleisches wird das Tier gejagt, und zwar im Herbst.

Hunde (S. 124) sind die ältesten Haustiere der Menschen, die schon vor mehr als 10 000 Jahren als Wach-, Jagd- und Hirtenhunde sowie zum Ziehen von Schlitten verwendet wurden. Seit damals werden Hunde geschätzt, weil sie so treu, klug, gelehrig und nützlich sind. Durch immer neue Züchtungen entstanden die mehr als 300 Hunderassen, die es heute gibt und die im Körperbau stark voneinander abweichen. Der nächste Verwandte unter den wilden Tieren ist der Wolf, was man beim deutschen Schäferhund noch gut sehen kann. Je nach ihrer Verwendung unterscheidet man:

Wachhunde, aus denen sich Hüte- und Hirtenhunde entwikkelten, z. B. Dogge, Pudel, Foxterrier;

Diensthunde wie Blindenhunde und Polizeihunde, z. B. deutscher Schäferhund, Boxer, Schnauzer;

Jagdhunde, die die Spuren des Wilds suchen, es jagen und stellen oder aus dem Bau aufstöbern, z. B. Dackel, Vorstehhund, Spaniel;

Haus- und *Zwerghunde* sind die Französische Bulldogge, Affenpinscher, Mops und andere.

Das Bild auf S. 124 zeigt folgende Hunde:

Bernhardiner haben einen mächtigen Körper und eine kantig wirkende Schnauze, und sie sind klug, gutmütig und gelehrig. Ursprünglich dienten sie als Lebensretter in den Hospizen an Alpenpässen (z. B. Großer St. Bernhard) und im Himalaja, wo sie verirrte Wanderer aufspürten und Hilfe für Verunglückte herbeiholten.

Chihuahua heißt die kleinste Hunderasse der Welt; ihr Name stammt von der Stadt in Mexiko, wo diese Hunde gezüchtet werden.

Dackel (Teckel) heißen eigentlich Dachshunde, weil sie sich gern zur Jagd auf Tiere abrichten lassen, die wie der Dachs unterirdisch in Höhlen hausen. In diese Gänge dringt der Dackel wegen seines walzenförmigen Körpers mit den krummen Beinen leicht ein. Der Kopf ist groß, die Schnauze lang, das Fell braun. Im Haus sind Dackel gute Wächter, aber zänkisch gegen andere Hunde.

Die *Dogge* hat einen massigen Oberschädel mit kurzer stumpfer Schnauze. Meist sind die Doggen kurzhaarig und gelb gefärbt, es gibt sie aber auch geflammt oder gefleckt. Abgebildet ist der Boxer, eine kleinere Rasse. Bekannte Zwergformen sind die Zwergbulldoggen und der Mops.

Der *Foxterrier* wird mittelgroß, hat stahlharte Muskeln, ist stämmig gebaut und äußerst lebhaft und gewandt. Sein glatt-, rauh- oder drahthaariges Fell ist schwarzweiß gefleckt. In England, seiner Heimat, dient er als Jagdhund, und er ist auch ein aufmerksamer Wächter.

Pudel sind meist einfarbig schwarz, weiß oder braun, werden mittelgroß und sind flink, quicklebendig und sehr gelehrig. Das engwollige Haar wird häufig auf der Schnauze, am Hinterteil und an den Beinen geschoren.

Der deutsche *Schäferhund* ist eine weitverbreitete Rasse mit Stehohren, rauhem Fell und buschiger Hängerute (Schwanz).

Windhunde sind hochbeinig und schmal gebaut, mit bogenförmig gekrümmtem Rücken und lang ausgezogenem Schnauzenteil. Sie sehen besser, als sie riechen können, und als Jagdhunde hetzen sie ihr Wild mit größter Schnelligkeit.

Hundeartige Raubtiere (S. 157, 163) Hunde nennt man nicht nur die bekannten Haustiere, sondern auch eine ganze Familie von Raubtieren, zu denen Wolf, Präriewolf, Fuchs, Wüstenfuchs und Hyäne gehören. Die verschiedenen Arten von Raubtierhunden sind auf der ganzen Erde anzutreffen. Sie hören und riechen ganz vorzüglich, und sie können rasch und ausdauernd laufen. Jungtiere sind sehr spielfreudig.

Der *Wolf* ist der Vorfahre der Haushunde. Er wird 85 cm hoch und 1,20 m lang, dazu kommt der buschige Schwanz (Rute); er ähnelt also, abgesehen von seinem gelblich-grauen Pelz, einem großen Schäferhund. Früher gab es Wölfe in ganz Europa, heute kommen sie nur noch in Südeuropa (z. B. Spanien) und Osteuropa (z. B. Polen) sowie in Asien und Nordamerika vor. Sie sammeln sich vor allem im Winter zu Rudeln und jagen ihre Beute – Rehe, Hirsche, Wildschweine, aber auch Haustiere und Menschen – gern gemeinsam. In den Märchen und Tiergeschichten tritt der Wolf als gieriger und heuchlerischer, dabei nicht sehr kluger Räuber auf.

Der *Präriewolf* (Heulwolf, Koyote) gleicht mit seinem gelbbraunen Fell und dem buschigen Schwanz dem Wolf, mit seiner zugespitzten Schnauze dem Fuchs. Er wird etwa 55 cm hoch und 1 m lang. Man findet ihn von den Steppen Nordamerikas bis zu den Wüsten Mexikos.

Der *Fuchs* (Rotfuchs) wird 40 cm hoch und mit dem buschigen Schwanz ca. 1 m lang. Sein dreieckig wirkender Schädel läuft in der spitzen Schnauze aus. Er kommt in Europa, Nordafrika, Asien und Nordamerika vor. Füchse jagen kleine Säugetiere und Vögel, fressen aber auch Insekten und Beeren. Sie hausen in weitläufigen Erdhöhlen mit Wohnkessel und mehreren Ausgängen, wobei sie lieber einen alten Dachs- oder Kaninchenbau beziehen als selbst graben. Weil sie die Tollwutseuche übertragen, hat man in Mitteleuropa die Absicht, die Füchse gänzlich auszurotten. In den Märchen und Tiergeschichten verkörpert der Fuchs Schlauheit, List und Gewandtheit. Abarten des Fuchses, je nach der Färbung Blaufuchs, Silberfuchs und anders genannt, werden wegen der wertvollen Pelze in Fuchsfarmen gezüchtet.

Der *Wüstenfuchs* (Fennek) ist zierlich (20 cm hoch, mit Schwanz 65 cm lang) und mit seinem fahlgelben, seidenweichen Fell und den übergroßen Ohren (Lauscher) drollig anzusehen.

Die *Hyäne* ist ein Raubtier, das nachts, in Rudel zusammengeschart, auf Beute ausgeht. Ihre Backenzähne sind so stark, daß sie die Schenkelknochen eines Zebras mühelos zermalmen kann. Das unangenehme Aussehen mit der zum Schwanz abfallenden Rückenlinie, die häßliche Ausdünstung und das durchdringende Bellen haben das Tier seit den ältesten Zeiten in Verruf gebracht. Die Fleckenhyäne ohne Rückenmähne (1,30 m hoch, ohne Schwanz 1,30 m lang) kommt nur in Süd- und Ostafrika vor; die Streifenhyäne, etwa gleich groß mit langhaarigem Pelz und großen nackten Ohren, gibt es in Nordafrika und Südasien.

Igel (S. 139) Der Igel ist der größte europäische Insektenfresser und jagt bei Nacht Mäuse und Schlangen, auch Giftschlangen, wie die Kreuzotter, deren Gift bei ihm unwirksam ist. Bei Gefahr rollt er sich zu einer Stachelkugel zusammen. Seine Rückenstacheln sind bei der Geburt weiche Borsten, die an der Luft hart werden und hart bleiben. Den Winter verschläft er in einem Laubnest oder Erdbau. Als Nahrung sucht der Igel:

Schnecken, wie Gartenschnecke, Wegschnecke, Weinbergschnecke. Schnecken sind Weichtiere, die am Land und im Wasser leben. Der Kopf trägt die Sinnesorgane – zwei oder vier Fühler, zwei Augen – die Reibzunge ist mit Zähnchen besetzt, damit werden die Pflanzen abgeraspelt. Der Fuß bildet eine lange Kriechsohle, durch die Absonderung von Schleim können Schnecken sogar über Rasierklingen kriechen, ohne sich zu verletzen. Viele Schnecken bauen aus Kalk, den ihre Haut hervorbringt, ein Haus, in das sie sich zurückziehen können.

Der *Maikäfer* ist ein häufiger und sehr schädlicher Blatthornkäfer, dessen Larve (Engerling) 2–3 Jahre im Boden an Pflanzenwurzeln frißt und größeren Schaden anrichtet als der Käfer selbst, der im dritten oder vierten Jahr erscheint und sich über die Blätter von Laubbäumen hermacht. Außer dem Igel stellen ihm Fledermaus, Marder, Fuchs und Maulwurf nach.

Die *Assel* – im Bild eine hellgraue, etwas glänzende Mauerassel – ist ein flaches und breites Krebstier, meist klein und lichtscheu.

Der *Regenwurm* kann 36 cm lang werden. Er frißt Röhren in das Erdreich, nimmt dabei pflanzliche und tierische Fäulnisstoffe auf und stößt die unverdaulichen Teile wieder aus. So lockert, lüftet und mischt der Regenwurm den Boden. Regenwürmer kommen nach starken Regenfällen gern an die Erdoberfläche, daher stammt ihr Name.

Tausendfüßler sind langgestreckte, wurmförmige Gliederfüßler mit mehr als drei, aber höchstens 93 Fußpaaren – also nie 1000 –, vielgliedrigen Fühlern, Punktaugen und kauenden Mundwerkzeugen.

Instinkt und Verhalten (188/189, 190/191, 192) Das Leben der Pflanzen erkennen wir an bestimmten Fähigkeiten: sie nehmen Nahrung auf, sie atmen, wachsen, sind empfindlich für bestimmte Reize und vermehren sich. Beim Leben der Tiere kommen weitere Fähigkeiten hinzu: sie können sehen, hören, riechen, tasten. Der Mensch schließlich kann außerdem noch denken, kann in voller Absicht geplante Dinge tun, kann Entscheidungen treffen, nachdem er Vorteile und Nachteile gegeneinander abgewogen hat. Auch Tiere verrichten zweckmäßige Handlungen, die wohlüberlegt aussehen. Aber der Antrieb dazu kommt nicht aus planmäßigen Überlegungen, sondern ist ihnen angeboren.

Die einfachsten Verhaltensweisen nennen wir Reflexe. Dabei antwortet auf die gleichen Reize immer das gleiche Verhalten. Reflexe sind angeboren, auch bei uns Menschen. Ein einfacher Reflex, leicht zu beobachten: berührt man den herausgestreckten Fühler einer Schnecke, so zieht sie ihn sofort ein. Ein anderer Reflex ist an der Pupille der Hauskatze zu sehen. Ihr Auge paßt sich immer der Helligkeit ihrer Umgebung an. Bei strahlendem Sonnenschein verengt sich die Pupille zu einem senkrechten Schlitz, in der Dunkelheit wird sie ein großes rundes Loch. An uns selbst erleben wir als Reflex das Niesen, Husten, Stolpern.

Der Instinkt ist eine weiter entwickelte Form des Verhaltens. Er ist der angeborene Drang, auf bestimmte äußere und innere Reize mit bestimmten zweckmäßigen Handlungen zu antworten. Wenn einer Graugans beim Brüten ein Ei aus dem Nest rollt, dann holt sie es zurück, indem sie den Hals lang macht und das Ei mit dem Schnabel wieder zu sich heranrollt. Der Sinn einer solchen Handlung bleibt dem Tier selbst verborgen. Es kann den Ablauf durch seinen Willen nicht ändern. Wenn man etwa der Gans ein Ei wegnimmt, während sie es zurückrollt, so führt sie die Bewegung trotzdem zu Ende, obwohl sie inzwischen sinnlos geworden ist. Solche und viele ähnliche Versuche bei anderen Tieren zeigen, daß sie sich auf Veränderungen nicht umstellen können. Der Instinkt gibt den Tieren ein starkes Muster, das nur wenig oder gar nicht veränderlich ist.

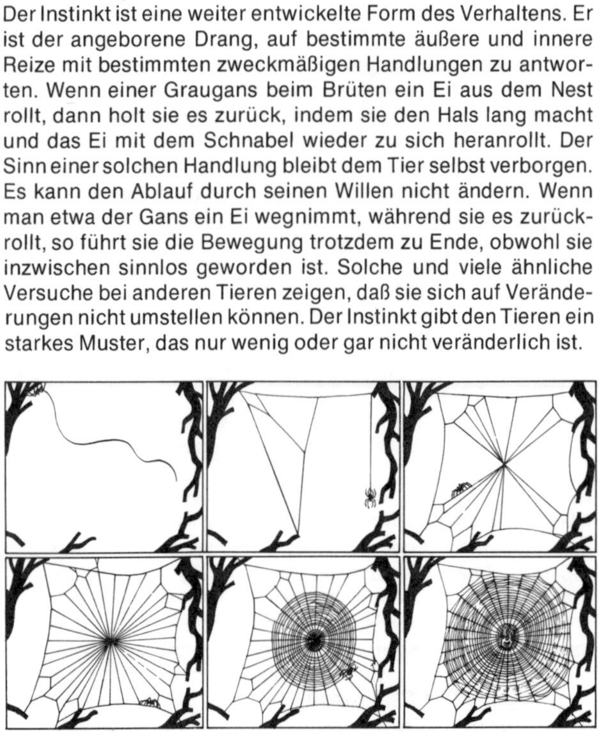

So spannt die Kreuzspinne kunstvoll ihr Netz zwischen den Ästen.

Die Instinkte beherrschen das Leben der Tiere, damit sie als einzelne oder als Art überleben. Dazu gehört alles, was der Beschaffung von Nahrung dient, etwa das Aufspüren und Beschleichen von Beute oder der Bau eines Fangapparates wie beim Netz der Spinne (vgl. Abbildung). Der Verteidigung dient auch die drohende Haltung; Raubtiere zeigen Gebiß und Klauen, andere Tiere stellen sich einfach tot. Der Erhaltung der Art dienen alle Handlungen, die mit der Fortpflanzung zusammenhängen: also daß die Elterntiere zusammenkommen, daß sie die Eier und die ausgeschlüpften Jungen verteidigen, daß sie ein Nest bauen, brüten und die Jungen füttern. Instinkte zum Nutzen einer Gruppe von Tieren finden wir bei den Herdentieren, die sich gemeinsam einem Anführer unterordnen; die sich, wie etwa die Wölfe, bei Nacht und Nebel oder beim Angriff durch ihr Heulen untereinander verständigen; oder wo Tiere einander mit bestimmten Lauten und Bewegungen warnen oder Schreck, Wut oder die Entdeckung von Nahrung mitteilen. Die erstaunlichsten und vielfältigsten Leistungen des Instinkts können wir bei Insekten beobachten, die in Staaten zusammenleben, bei Wespen, Bienen, Ameisen oder Termiten. Säugetiere haben geringer entwickelte Instinkte, dafür aber ein mehr oder weniger großes Gedächtnis, sie können Erfahrungen machen, sie lernen etwas. Diese Fähigkeiten der Tiere hat sich der Mensch zunutze gemacht: bei der Dressur. Dressierte Tiere, wie sie besonders im Zirkus zu bewundern sind, haben Fähigkeiten erworben, die sie im freien Leben nie von selbst erlernen würden.

Käfer (S. 173) gibt es auf der ganzen Welt, und man hat mehr als 250 000 verschiedene Arten dieser Insekten gezählt. Es gibt winzige Käfer, die man mit dem bloßen Auge gar nicht erkennen kann, während die größten Käfer, wie etwa der Herkuleskäfer, mehr als 15 cm lang werden. Der Käferkopf trägt beißende Mundteile sowie Fühler, die in vielfältigen Formen auftreten. Die Vorderbrust ist vom übrigen Körper sichtlich abgesetzt und beweglich. Die dünnen, kreuz und quer faltbaren Hinterflügel werden von den ledrigen oder harten Vorderflügeln zugedeckt und geschützt. Die paarweise angeordneten sechs Beine dienen zum Laufen, Springen, Schwimmen oder Graben. Viele Käfer sind schädlich, weil sie Nahrungsmittel (Getreidekäfer) oder Pflanzen (Kartoffelkäfer) zerstören. Es gibt aber auch nützliche Käfer, wie die Marienkäfer, die die Blattläuse vertilgen. Als Räuber, als Aas-, Kot-, Pflanzen- und Allesfresser sind die Käfer allen nur möglichen Lebensbedingungen angepaßt. Man unterscheidet hauptsächlich zwischen Raubkäfern und Vielfressern. Seltene Käfer wie der Hirschkäfer stehen unter Naturschutz.

Kaffee (S. 82) nennt man ein anregendes Getränk, das aus den Samen des Kaffeebaumes zubereitet wird. Der Kaffeebaum wird wildwachsend bis zu 10 m hoch, in den Pflanzungen (Kaffeeplantagen) aber zum bequemeren Pflücken auf etwa 2 m Höhe zurückgestutzt. Die Blätter sind an der Oberseite glänzend dunkelgrün, an der Unterseite hellgrün, die Sternblüten sind fünfzackig, röhrenförmig, stark duftend; sie fallen nach zwei Tagen ab, der Baum selbst blüht aber das ganze Jahr über. Die dunkelbraunroten Früchte, die Kaffeekirschen, enthalten meist zwei grünlichbraune Samen, die Kaffeebohnen. Die grünen Bohnen werden getrocknet, vom Fruchtfleisch befreit und geröstet, dabei bekommen sie den eigentlichen Duft und Geschmack und die braune Farbe. Vor dem Genuß werden die Bohnen gemahlen und mit siedendem Wasser übergossen. Das im Kaffee enthaltene Koffein regt Nerven, Herz und Magen an; wer aber zu viel Kaffee trinkt, schadet seiner Gesundheit. Der Kaffeebaum stammt ursprünglich aus der Landschaft Kaffa in Abessinien, die Hälfte des auf der ganzen Welt erzeugten Kaffees kommt heute aus Brasilien. Als Getränk war Kaffee zunächst bei den Mohammedanern verbreitet, denn ihnen verbot ihre Religion den Genuß von Wein. In Europa entstand das erste Kaffeehaus 1645 in Venedig.

Kakao (S. 82) nennt man das feingemahlene Pulver aus den Samen (Bohnen) des Kakaobaums, der heute in allen heißen Ländern angepflanzt und in einer Größe von 3 bis 5 m gehalten wird, während er wildwachsend 14 m erreichen kann. Die Früchte werden ungefähr so groß wie eine Gurke, sie enthalten in fünf Längsreihen 40–80 Bohnen. Ursprünglich sind sie bitter, erst wenn man sie mehrere Tage gären läßt, erhalten sie einen milden Geschmack. Dann werden die Samenschalen entfernt, die Bohnen zerrieben und das Fett (Kakaobutter) abgepreßt; so erhält man das feine Kakaopulver. Nur wenn Schokolade hergestellt wird, bleibt das Fett in den Bohnen, die mit Zucker, Milch und anderen Zutaten zu Schokoladebrei verarbeitet werden. Bekannt wurde der Kakao, als die Spanier unter Führung von Cortez Mexiko eroberten (1519–1521) und dabei dieses Genußmittel schätzenlernten, das die einheimischen Bewohner schon lange kannten und benützten.

Kamel (S. 162/163) lautet der Sammelname für große, schwere Huftiere, deren ursprüngliche Heimat in Asien liegt und die heute noch als Last- und Reittiere in den Wüsten von Afrika, Arabien und Asien verwendet werden. Kamele sind stark, genügsam und ausdauernd, sie können große Hitze, aber auch scharfe Kälte ertragen. Der Fetthöcker ist ihr Speicher für Nahrung und Wasser.

Das *Dromedar* oder *Einhöckerige Kamel* kommt in Vorderasien, Arabien und Nordafrika vor, es wird etwa 2,30 m hoch. Schreitend legt es 14 km, trabend 50 km in der Stunde zurück, gute Reitdromedare erreichen eine Marschleistung von 175 km in 12 Stunden.

Das *Zweihöckerige Kamel* oder *Trampeltier,* etwa 2,50 m hoch, findet sich besonders in den Steppen Zentralasiens bis nach Südsibirien, als Haustier wird es auch in Südafrika und Australien gehalten. Sein langhaariges Fell ist etwas dunkler als beim gelbbraunen Dromedar. Fleisch und Milch sind genießbar, die Haare werden für Decken und Kleidung verarbeitet, getrockneter Kamelmist ist das Brennmaterial der Wüste.

Die Kamele in den Hochgebirgen Südamerikas – *Guanako, Lama, Alpaka* und andere – sind nur etwa halb so hoch und haben keine Höcker.

Kartoffel (S. 83) Die Kartoffel ist eine Staudenpflanze mit rauhhaarigen, gefiederten Blättern und weißen oder rot-blauvioletten Blüten. Die grünen Beerenfrüchte sind giftig, während an den Stengeln unter der Erde die eßbaren Knollen wachsen. Die Knollen haben in den Vertiefungen Knospen („Augen"), aus denen im Frühjahr die neuen Triebe kommen. Neben dem Brot ist die Kartoffel unser wichtigstes Nahrungsmittel. Sie wurde etwa 1550 aus Südamerika – zuerst als Zierpflanze – nach Europa gebracht. In Deutschland wurde sie seit den Hungerjahren um 1770 allgemein angepflanzt.

Kartoffelkäfer (S. 83) Der Kartoffelkäfer ist der schlimmste Feind der Kartoffelpflanzen. Er ist etwa 1 cm lang, oval und trägt auf den gelben Flügeldecken zehn schwarze Längsstreifen. Das Weibchen kann 1800 Eier in Häufchen an der Unterseite der Blätter ablegen; daraus entwickeln sich die rötlichen, schwarz gepunkteten Larven. Käfer und Larven fressen die Stauden kahl. Der Käfer wurde nach dem Ersten Weltkrieg (1914–1918) aus Nordamerika („Coloradokäfer") nach Europa eingeschleppt und verbreitete sich sehr schnell, da er fast keine natürlichen Feinde hat. Er geht auch an Tomaten.

Katze (S. 125) Die Katze war schon vor 5000 Jahren bei den Ägyptern ein Haustier und ein heiliges Tier. Von der afrikanischen Falbkatze, einer Wildkatze, stammen alle Hauskatzen ab. Heute sind mehr als 20 verschiedene Rassen von Katzen bekannt. Sie sind nützlich, weil sie auf Mäuse und Ratten Jagd machen. Sie gelten auch als Vogelräuber, doch sind Elster, Krähe und Häher den Singvögeln viel schädlicher als Katzen. Katzen sind anspruchslos, eigenwillig und verspielt, verwildern aber leicht, wenn sie in Freiheit gelangen. Sie sehen, hören und riechen vorzüglich, der Geruchssinn ist allerdings schwächer als beim Hund, indessen stärker als beim Menschen. Zu den Kurzhaarrassen gehören die wildfarbene Tigerkatze oder die Siam-Katze, zu den aus Asien stammenden Langhaarrassen gehören die Angorakatzen. Das männliche Tier wird Kater genannt.

Katzenartige Raubtiere (S. 157, 160/161, 162/163) bilden eine Familie mit etwa 40 Arten. Sie haben alle eine kurze Schnauze, und ihr Gebiß ist mit kräftigen Eckzähnen und scharfen Bakkenzähnen ausgestattet. An den Pfoten, auf denen sie fast unhörbar ihre Beute beschleichen, sind vorn fünf, hinten vier mit Krallen bewehrte Zehen, die nur der Gepard nicht einziehen kann. Katzen hören und sehen sehr gut, besonders bei Nacht, wo ihr Auge auch noch die geringsten Lichtspuren aufnimmt. Die langen Schnurrhaare dienen als Organ zum Tasten.

Der *Gepard* (Jagdleopard). Er kommt in Afrika und Asien vor, hat ein schwarzgelb geflecktes Fell und gilt als das schnellste Säugetier. Mit seinen hohen Läufen erinnert er mehr an einen Windhund als an eine Katze. Die Körperlänge beträgt etwa 1,35 m, die Höhe 80 cm; in Indien wird er gezähmt und zur Jagd abgerichtet.

Der *Jaguar.* Diese rotgelbe, dunkel gefleckte Raubkatze in Süd- und Mittelamerika ähnelt dem Leoparden, nur ist ihr Körper plumper und ihr Schwanz kürzer als die Körperlänge (2 m). Der Jaguar lebt besonders gern in der Buschsteppe und an den bewaldeten Ufern der großen Ströme und ist gefürchtet, weil er in die Rinder- und Pferdeherden einbricht und, wenn er ausgehungert ist, sogar Menschen anfällt.

Der *Löwe.* Er ist das größte katzenartige Raubtier, wird 2 m lang, 1 m hoch und 175 kg schwer. Die meisten Löwen leben heute noch in den Steppen Afrikas. In der Dunkelheit macht er Jagd auf Antilopen, Zebras, Rinder und andere Tiere, die er mit einem mächtigen Sprung von knapp 10 m von hinten überfällt. Das Fell der Löwen ist gelbbraun, der Schwanz hat eine dichte Quaste und das erwachsene Männchen eine dunklere Mähne. In Afrika gibt es etwa 10 verschiedene Rassen von Löwen, die immer in einer Familie zusammenleben; der Berber-Löwe ist ausgerottet, der indische Löwe steht wegen seiner Seltenheit unter Schutz.

Der *Panther* (Leopard). Diese Großkatze (1,50 m lang) lebt in den Wäldern und Steppen von Afrika und Asien, klettert gewandt und wird selbst Großsäugetieren und Menschen gefährlich, die sie von den Bäumen herunter anspringt. Das Fell ist gelblich mit schwarzen Flecken, auf den Sunda-Inseln gibt es auch eine Abart mit ganz schwarzem Fell. Im Gegensatz zu Löwen oder Tigern läßt sich der Panther kaum zähmen.

Der *Puma.* Er wird auch Silberlöwe genannt und ist eine Wildkatze (1 m lang) aus Amerika. Das Fell ist in der Jugend gefleckt, später rötlichgrau. Er greift kleine Säugetiere und auch Kälber und Rehe an, den Menschen aber nur, wenn er sich bedroht fühlt. Ein jung gefangener Puma ist leicht zu zähmen.

Der *Serval.* Diese hochbeinige, fahlgelbe, schwarzgefleckte Wildkatze in den Steppen Afrikas wird ohne Schwanz etwa 1 m lang.

Der *Tiger.* Tiger sind groß (ca. 2 m lang) und schwer (200 kg), aber behend und schnell. Es gibt sie nur in Asien, wo sie sich tagsüber als Einzelgänger im Dschungel verbergen, nachts aber auf Raub ausgehen und sogar Dörfer auf der Suche nach Beute überfallen. Ihr gelbrotes Fell hat viele unregelmäßige schwarze Querstreifen. Am größten ist der dichtbehaarte sibirische Mandschu-Tiger, der vom Kopf bis zum Schwanz 4 m mißt, am kleinsten ist der Sunda-Tiger auf Sumatra, Java und Bali.

Kraftwerk (S. 22/23) Elektrizität ist eine Naturkraft, die schon vor mehr als 2000 Jahren festgestellt wurde, als der griechische Gelehrte Thales beobachtete, wie Bernstein Federn anzog, nachdem er mit einem Tuch gerieben worden war: Man kann also Elektrizität nicht sehen und mit Händen greifen, sondern nur ihre Wirkung beobachten. Diese Naturkraft spendet Wärme und Licht und zieht bestimmte Gegenstände an oder stößt sie ab (Magnet).

Elektrizität ist in allen Dingen der Erde enthalten. Gewöhnlich sind die elektrischen Kräfte im Gleichgewicht, dann sieht man keine Wirkungen. Wenn aber „Spannungen" dieses Gleichgewicht stören, treten elektrische Wirkungen ein. Elektrizität wird verwendet zum Antrieb von Motoren, zur Beleuchtung und zur Heizung, zu Heilzwecken und bei Funk, Fernsehen und Telefon.

Ein Kraftwerk ist eine große Fabrik, in der elektrischer Strom erzeugt wird. In der Regel sind das Großkraftwerke, die ausgedehnte Gebiete mit Kraft und Licht versorgen. Die gebräuchlichste Form des Kraftwerks ist heute noch das Wasserkraftwerk. Dabei wird die Kraft des strömenden Wassers – etwa eines Flusses – oder die Wucht des herniederstürzenden Wassers auf Turbinen geleitet. Diese Turbinen treiben dann jene Maschinen an, die Strom erzeugen: die Generatoren. Bei Speicherkraftwerken wird das Wasser in natürlichen oder künstli-

Wasserkraftwerk

Kernkraftwerk

chen Seen (Talsperre, Stausee) manchmal über Wochen und Monate hinweg gesammelt und dann eingesetzt, wenn man es braucht. Wärmekraftwerke lassen die Generatoren von der Kraft der Hitze antreiben, die bei der Verbrennung von Steinkohle, Braunkohle, Torf, Gas oder Öl entsteht. Seit 1954 werden auch Kernkraftwerke gebaut. Hier erzeugt ein Kernreaktor die Hitze, die zur Dampfgewinnung erforderlich ist. Wegen der Gefahren, die mit dem Betrieb der Kernkraftwerke verbunden sind, wird heute stärker als früher nach anderen Möglichkeiten der Erzeugung von Strom gesucht: die Kräfte der Sonne, des Windes, des Wassers, der Glut im Erdinnern sollen erschlossen werden.

Krebstiere (S. 178/179, 180/181) Krebse sind Gliederfüßler, deren Körper gepanzert ist und die reichgegliederte, gelenkige Beine haben. Man kennt im Süßwasser und im Salzwasser etwa 25000 Arten. Der größte Krebs ist der *Hummer,* ein zehnfüßiger Krebs mit gewaltigen Scheren; er lebt an den europäischen Küsten von Muscheln und wird wegen seines vorzüglichen Fleisches gefangen. Der *Einsiedlerkrebs* ist ebenfalls ein Zehnfußkrebs der Meeresküste mit großen Scheren; der Hinterleib verbirgt sich gern in leeren Schneckenhäusern. Die Krabben sind kurzschwänzige Zehnfußkrebse ohne Schwanzflosse; sie laufen meist seitwärts. Die Languste ist ein scherenloser, langschwänziger Krebs mit Fühlern und langen Stacheln. Sie ist im Mittelmeer, am Ärmelkanal und an der Südküste Irlands zu finden. Die Garnele ist ein kleiner Schalenkrebs.

Kreislauf des Wassers (S. 111) Alles, was lebt, muß Wasser haben. Es findet sich überall auf der Erde: in festem Zustand als Eis der Gletscher hoher Gebirge oder als Schnee im Winter oder in den Polargebieten; in gasförmigem Zustand als Wasserdampf (Luftfeuchtigkeit) in der Atmosphäre; in flüssigem Zustand als Meer, Fluß, See, als Grundwasser unter der Erdoberfläche sowie in allen Lebewesen. Der menschliche Körper besteht zu mehr als 70% aus Wasser. Mehr als $^3/_4$ der Erdoberfläche sind von Wasser bedeckt. Seine größte Dichte hat das Wasser bei 4° C, wenn es wärmer und wenn es kälter wird, dehnt es sich aus. Aus diesem Grunde steigt warmes Wasser aufwärts und schwimmen Eisberge an der Oberfläche des Meeres. Das Wasser geht unablässig von einem Zustand in einen anderen über. Wenn flüssiges Wasser zu Wasserdampf verdunstet, steigt es empor und verdichtet sich in der Höhe zu feinsten Nebeltröpfchen, oder es gefriert zu bizarren Eiskristallen. So bilden sich Wolken. Wenn die Luftströmung sie nicht mehr tragen kann, kommt es zu Niederschlägen: Tau, Regen, Schnee, Hagel. Diese Niederschläge können entweder gleich wieder verdunsten und emporsteigen; oder sie fließen ab und sammeln sich in Gewässern, von deren Oberfläche sie ebenfalls ständig verdunsten; von jedem Quadratmeter Meeresoberfläche steigen in einer einzigen Stunde 1000 g Wasserdampf auf; eine große Ulme kann täglich 300 l Wasser an die Luft abgeben. Wasser kann aber auch in die Erde eindringen. Dann beginnt eine Reise, die Jahre dauern kann. Entweder wird das Wasser von Pflanzenwurzeln angesaugt und kommt so wieder ans Tageslicht, oder es sammelt sich als Grundwasser in gewaltigen unterirdischen Flüssen und Seen, aus denen es dann in Quellen hervorsprudelt oder in Brunnen durch die Menschen angezapft wird. In Gegenden ohne Wasserquellen geht man dazu über, Meerwasser zu entsalzen. Dann kann man es als Trinkwasser und zur Bewässerung von Pflanzen benützen. Wasser ist kostbar. Im äußersten Notfall kann ein Mensch einen Monat lang hungern, ohne Wasser stirbt er jedoch schon nach wenigen Tagen. Die Industrie benützt Wasser als Antriebskraft, zur Beseitigung von Abfällen oder zur Kühlung. Das ist gefährlich für die Zukunft, wenn dadurch das Trinkwasser verseucht, das Leben der Fische bedroht oder die Umwelt verändert und zerstört wird.

Kuckuck (S. 147) Der Kuckuck ist ein Zugvogel und gehört zur Familie der Kuckucksvögel, die rund 200 Arten umfaßt. Anfang August fliegen unsere Kuckucke ins mittlere und südliche Afrika, in der zweiten Aprilhälfte kehren sie zu uns zurück. Am sitzenden Kuckuck fällt die weiße, wie beim Sperber quergewellte Unterseite auf, Oberseite und Kehle sind bleigrau, der lange, runde Schwanz ist schiefergrau mit weißen Flecken und Spitzen. Als einziger Vogel unserer Heimat überläßt der Kuckuck anderen Vögeln die Aufzucht seiner Jungen. In einem unbewachten Augenblick legt das Weibchen ein Ei in das Nest eines Singvogels, und zwar bei der gleichen Art, die auch seine Pflegeeltern waren (auf unserem Bild eine Mönchsgrasmücke). Nach zwölf, dreizehn Tagen schlüpft der junge Kuckuck aus und schiebt als erstes die anderen Eier über den Nestrand. Sechs Wochen lang wird er gefüttert, wobei er am Ende seine Pflegeeltern an Größe und Gefräßigkeit weit übertrifft. Der Kuckuck ist ein nützlicher Vogel, weil er die großen Raupen vertilgt. Er ist sehr scheu, und man sieht ihn selten, seinen mächtigen Ruf aber hört man oft und gern.

Laubbäume (S. 106/107) sind Holzgewächse mit einem langen, festen Stamm, der sich in Äste und Zweige auflöst. Bei den sommergrünen und winterkahlen *Laubbäumen* sind die Blätter zart. Dieses Laub fällt in unserer Heimat vor Beginn des Winters zu Boden. Teils stehen die Laubbäume in Wäldern zusammen (Buche und Eiche), teils mit Nadelbäumen gemischt, teils ganz allein (Linde).

Der *Ahorn,* ein rasch wachsender Baum (auch Strauch) mit hartem, schwerem, weißlichem Holz. Die Blätter des häufigen Spitz-Ahorns, der eine Höhe von 25 m erreichen kann, sind buchtig gezähnt mit vorgezogenen Spitzen, die Früchte sind geflügelt.

Die *Eiche,* eine besondere Art der Buchengewächse, ist vor allem in Nordamerika und Asien verbreitet, mit gelbrötlichem bis graubraunem, wertvollem Holz. In unserer Heimat gibt es die 30–40 m hohe, einander sehr ähnlichen Winter-(Stein-)Eichen und die Sommer-(Stiel-)Eichen. Die in einem Becher sitzenden, eiförmigen Früchte heißen Eicheln, die Blätter sind ge-

lappt. Im Mittelmeergebiet gibt es die Korkeiche, aus deren Rinde der echte Kork gemacht wird.
Die *Roßkastanie* ist ein etwa 20 m hoher Baum. Er hat große, handförmige Blätter und in Rispen stehende weiße Blüten mit gelben und roten Flecken. Die braunen, bitteren Früchte stekken in einer grobstacheligen Hülle. Die Roßkastanie ist mit der Edel- oder Eßkastanie nicht verwandt. Diese bringt in einer feinstacheligen Hülle Früchte von süßem, mehligem Geschmack hervor.
Die *Linde* wird 25–30 m hoch, hat herzförmige Blätter und wohlriechende Blüten an einem zungenförmigen Tragblatt, das nach der Fruchtreife als Flugorgan dient. Bei uns gibt es die Sommerlinde mit großen und die Winterlinde mit kleinen Blättern. Tee aus Lindenblüten ist ein Heilmittel.
Die *Birke,* an der glatten, meist gelbbraunen oder weißglänzenden Rinde sowie an den hängenden (männlichen) Blütenkätzchen zu erkennen, bildet Wälder in Nordrußland, kommt in unserer Heimat aber mehr einzelstehend vor, besonders auf trockenem Boden oder in der Ebene und im Gebirge. Tee aus Birkenblättern ist ein Heilmittel.
Die *Buche* – als Rotbuche – ist der wichtigste und am meisten verbreitete Laubbaum Mitteleuropas. In Deutschland sind knapp die Hälfte aller Bäume Buchen. Sie wächst in den Wäldern hochstämmig, hingegen entwickelt sich die Krone in die Breite, wenn der Baum einzeln steht. Die Buche wächst langsam und stirbt nach 150–200 Jahren ab. Die Blätter sind glatt und dunkelgrün an der Oberseite, an der Unterseite heller gefärbt. Die dreikantigen Früchte – Bucheckern – treten meist alle vier Jahre vermehrt auf, aus ihnen kann man Speiseöl machen.
Die *Ulme* (Rüster) ist ein stattlicher Baum mit ungleich verformten Blättern, büscheligen Blüten, die Früchte sind pfenniggroße, breitgeflügelte Nüßchen. Das Holz ist wegen seiner schönen Maserung für Möbel beliebt.
Die *Pappel* ist ein bis 35 m hoher und schlanker Baum. Seine Blüten in der Form grünlicher, hängender Kätzchen erscheinen vor den Blättern. Die weiblichen Bäume verbreiten nach der Reife ungeheure Mengen behaarter Flugsamen (Pappelwolle). Pappeln gehören zur Gattung der Weidengewächse; sie wachsen sehr schnell und bevorzugen feuchten Boden.
Luft nennen wir das Gasgemisch, das die Erde umgibt. Wir sehen die Luft nicht, aber wir spüren sie, wenn sie sich bewegt. Sie besteht aus rund 21% Sauerstoff und 78% Stickstoff, dazu aus kleinen Mengen Kohlensäure und Edelgasen. Menschen, Tiere und Pflanzen brauchen die Luft zum Atmen; sie nehmen dabei Sauerstoff auf. Im Körper entsteht Kohlensäuregas, das ausgeatmet wird. Bei Pflanzen ist es umgekehrt: sie nehmen Kohlensäuregas auf und geben Sauerstoff ab. So entsteht ein unablässiger Kreislauf. Die Lufthülle der Erde besteht aus verschiedenen Schichten, deren letzte in 400 km Höhe in den Weltraum übergeht. Bis zur Höhe von 100 km bleibt die Zusammensetzung der Luft nahezu gleich, nur wird sie immer dünner. Bis zu einer Höhe von 12 km, wo die höchsten Wolken schweben, spielen sich die Vorgänge ab, die unser Wetter machen; dies ist die Troposphäre. Darüber liegt die Stratosphäre bis etwa 32 km, wo heute der internationale Flugverkehr stattfindet. Bis 75 km erstreckt sich die Mesosphäre, bis 400 km die Ionosphäre, in der die Polarlichter erscheinen. Der Luftraum ist seit der Erfindung der Motorflugzeuge zu einem Gebiet geworden, auf dem sich unzählige Fahrzeuge und Signale aller Art bewegen. Luft trägt Flugzeuge und sorgt dafür, daß sich alle möglichen Wellen in ihr fortbewegen können, z. B. Schallwellen oder elektromagnetische Wellen des Sprechfunks, Hörfunks oder Fernsehens. Als Arbeitsmittel wird zusammengepreßte Luft in bestimmten Werkzeugen, wie Preßlufthammer, Bohrer oder Meißel, oder bei U-Booten verwendet, auch bei Luftdruckbremsen von Eisenbahnwagen und Lastzügen; in Luftreifen oder Luftmatratzen wird Luft als Federung benützt. Neuerdings dient Luft sogar als Rohstoff für die Industrie: man kann aus Luft für die Landwirtschaft stickstoffhaltigen Dünger erzeugen. Wenn etwas verbrannt wird, entstehen Abgase, die meistens giftige Teilchen enthalten. Daher kommt es, daß heute über großen Fabrikanlagen und Städten eine Dunstglocke in der Luft entsteht, gebildet aus Schmutzteilchen und

Die Lufthülle der Erde

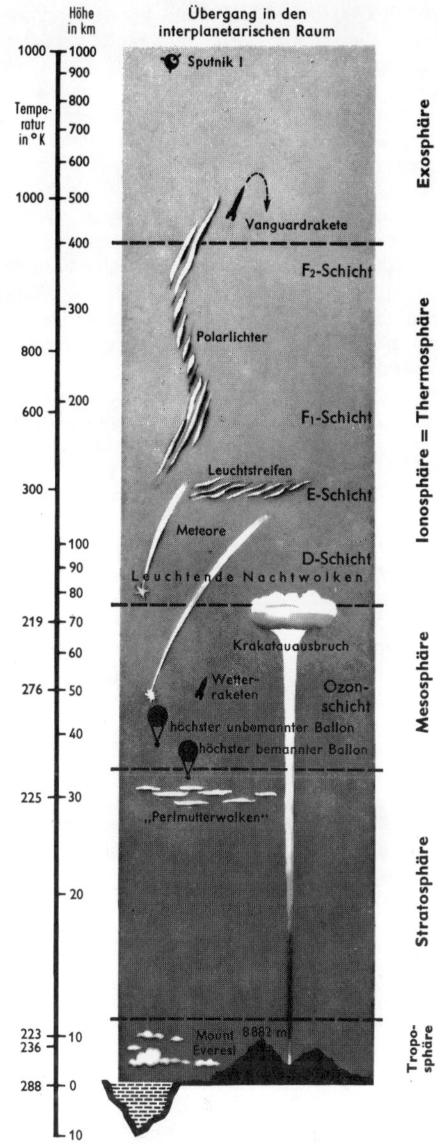

Giftspuren, die z. B. beim Verbrennen von Autobenzin und bei Ölfeuerungen entstehen. Über die Sauberhaltung der Luft muß streng gewacht werden.
Luftschiff (S. 66/67) Ein Luftschiff ist ein Ballonfahrzeug, das – von einem Motor angetrieben – leichter ist als die Luft, die es verdrängt, und das deshalb in der Luft „schwimmt". Der Ballonkörper ist mit dem leichteren Gas gefüllt, der Antrieb und die Fahrgasträume sind in Gondeln darunter untergebracht. Ein fischförmiges Lenkluftschiff konstruierten die Schweizer Waffenschmiede Egg und Pauly bereits 1815 in London. Die Gondel war mit zwei Rudern bestückt, die das Fahrzeug in der Luft fortbewegen sollten. Den ersten größeren Flug mit einem lenkbaren zigarrenförmigen Luftschiff unternahm der Franzose Giffard im Jahre 1852 in Paris. Der Ballon, der mit Leuchtgas gefüllt war, hatte eine Länge von 44 m und war in der Mitte 12 m hoch. Angetrieben wurde das Fahrzeug mit einer kleinen Dampfmaschine, die einen mannsgroßen Propeller in Bewegung setzte. Dieses Lenkluftschiff erreichte in etwa 1800 m Höhe die Geschwindigkeit eines Fußgängers. In den Jahren 1898–1903 machte der brasilianische Millionär Santos-Dumont durch Flüge über Paris und dem Mittelmeer mit seinen Luftschiffen, die von einem Benzinmotor mit zweiflügeliger Luftschraube angetrieben wurden, das lenkbare Luftschiff populär. Unter dem langen Spitzballon befand sich das lange Gestell, in dessen Mitte der Luftschiffer neben dem Motor auf einem Fahrradsattel sitzen konnte.
Höhepunkt, aber auch vorläufiger Abschluß in der Entwicklung der Luftschiffe waren die Fluggeräte des Grafen Zeppelin zwi-

schen 1900 und 1937. Der mit dem sehr leichten, aber gefährlichen Wasserstoffgas gefüllte Ballonkörper wurde durch ein starres Gerüst mit Ring- und Längsspanten gebildet, die mit silbergrauem Baumwollstoff überzogen waren. Benzin- oder Dieselmotoren trieben die Luftschrauben an. Passagiere wurden in der vergleichsweise kleinen Gondel befördert. Untergebracht wurden die „Zeppeline" in riesigen Luftschiffhallen. Das abgebildete Luftschiff LZ 127 „Graf Zeppelin" wurde 1928 gebaut, es war 235 m lang und konnte eine Last von 15000 kg transportieren. 139mal überquerte dieses Luftschiff den Atlantik zwischen Europa und den Vereinigten Staaten. Als das Luftschiff „Hindenburg" 1937 in Lakehurst explodierte, bedeutete dies vorerst das Ende der Verkehrsluftschiffe, zumal deren Reisegeschwindigkeit von den Flugzeugen weit übertroffen wurde.

Marder heißt eine ganze Familie von kleinen, schlanken, wendigen Raubtieren, zu denen nicht nur die eigentlichen Marder gehören, sondern auch Hermelin, Iltis, Dachs, Otter und Wiesel. Die Tiere wurden wegen ihres schönen Fells (für Pelzmäntel) sehr viel gejagt und sind heute in der freien Natur selten. Einzelne Arte werden heute besonders gezüchtet:

Baummarder (Edelmarder), braun mit goldgelbem Kehlfleck, Körper 45 cm, Schwanz 25 cm lang. Jagt kleine Säugetiere und vor allem Geflügel.

Fischotter (S. 114/115), eine Marderart, die sich dem Wasserleben angepaßt hat: kleine, verschließbare Ohren, Schwimmhäute zwischen den Zehen, Schwanz lang und dick, Schnauze breit, Länge bis 1,50 m. Das Tier schwimmt vorzüglich, wenn es bei Nacht auf Fische, Krebse und Wasservögel Jagd macht.

Hermelin (Großes Wiesel – S. 185), im Sommer kastanienbraun, im Winter ganz weiß bis auf die schwarze Schwanzspitze, Körper 30 cm, Schwanz 10 cm lang. Das Tier war seit jeher selten, der kostbare weiße Hermelinmantel war früher das Vorrecht von Königen und Fürsten.

Maulwurf (S. 137) Der Maulwurf ist ein nützliches Säugetier mit einer spitzen, rüsselförmigen Schnauze, einem samtartigen, blauschwarzen Fell und gedrungenem Körper, der die Länge einer Ratte (15–18 cm) erreichen kann. Die Augen sind klein, oft verdeckt, die Ohrmuscheln sind nicht sichtbar. Er riecht, hört, tastet, klettert und schwimmt gut, lebt unter der Erde in selbstgegrabenen Gängen und wirft die Erde zu Hügeln auf. Seine Vorderbeine sind verkürzt und wie Schaufelhände nach außen gespreizt. Der Maulwurf vertilgt Ungeziefer (Würmer, Engerlinge), er steht unter Naturschutz. Er gehört zu den ältesten Säugetieren, die man auf der Erde nachweisen kann.

Maus (S. 134) Die Maus ist ein kleines, behendes, meist unterirdisch lebendes Nagetier, von welchem mehr als 300 verschiedene Arten auf der ganzen Erde verbreitet sind. Ein Mäusepärchen kann in einigen Jahren Millionen von Nachkommen hervorbringen; diese ungeheure Vermehrung wird von den Menschen mit Gift bekämpft, und außerdem haben die Mäuse scharfe natürliche Feinde, z. B. Raubvögel (vgl. S. 142/143), Füchse und Katzen. Die meisten Mäuse sind schädlich, weil sie Lebensmittel anfressen und Krankheiten übertragen können. Bei uns ist vor allem bekannt die etwa 6 cm lange, dünnschwänzige graue Hausmaus (in der oberen Bildhälfte), die Feldmaus mit kurzem Schwanz und die hellbäuchige Waldmaus. Besonders gezüchtet wurde die weiße Maus mit roten Augen.

Zur Familie der Mäuse gehören auch die *Ratten,* allesfressende und sehr schädliche Nagetiere mit großen Ohren und schuppigem Schwanz, der meist aus mehr als 200 Ringen gebildet ist. Die braunschwarze Hausratte bevorzugt als Nahrung Pflanzen, wie Getreide und Obst, ihr Körper ist 16 cm, ihr Schwanz 19 cm lang. Viel häufiger ist heute bei uns die größere (Körper 24 cm, Schwanz 19 cm), bräunlichgraue Wanderratte, die in Kellern, Ställen, an Flüssen und Kanälen zu finden ist; sie frißt Fleisch, Fisch, Hühner, nagt Schweine an und kann sogar Säuglingen gefährlich werden. Ratten werden durch Gift bekämpft und durch besonders abgerichtete Hunde (Pinscher und Foxterrier) gejagt; wichtig ist, Abfall-, Müll- und Gerümpelhaufen zu beseitigen, sonst werden Ratten angelockt. Früher waren sie besonders deshalb gefürchtet, weil eine verheerende Rattenkrankheit, die Pest, durch die Rattenflöhe übertragen wurde und so durch diese ansteckende Krankheit ganze Städte und Landstriche entvölkert wurden.

Das Meer (S. 113) So nennen wir die zusammenhängende Wasserfläche, die rund zwei Drittel der Erdoberfläche bedeckt. Die Kontinente sind wie Inseln im Weltmeer. Wir unterscheiden den Atlantischen, den Indischen, den Pazifischen (Stillen) Ozean sowie das Nordpolarmeer. Binnenmeere wie die Ostsee oder das Kaspische Meer sind in einen Erdteil eingelagert, das Mittelmeer trennt die Kontinente Europa und Afrika. Das Festland senkt sich bis zu einer Tiefe von 200 m allmählich ins Meer hinein; dann geht es bis in eine mittlere Tiefe von 3800 m steil abwärts. Tiefseegräben sind oft mehr als 10000 m eingeschnitten. Die Farbe des Meerwassers schwankt zwischen rein Blau und Grün; sie hängt ab von Luftfeuchtigkeit, Sonneneinstrahlung und Trübung durch Kleinlebewesen (Plankton). Meerwasser ist im Gegensatz zum Quellwasser salzig; in 1 kg Meerwasser gibt es durchschnittlich 35 g Salz, daher gefriert es erst bei − 2° C. Die Temperatur der Weltmeere schwankt zwischen − 1,9° C in den Polarmeeren und + 29° C in den Westindischen Gewässern, zum Meeresgrund hin wird es kälter. Das Wasser ist immer durch Wellen bewegt. Meist entstehen sie durch Wind. Sturmwellen können 15 m hoch werden. Es gibt aber auch große Strömungen innerhalb der Ozeane, für Europa am wichtigsten ist der Golfstrom. Er kommt aus dem Golf von Mexiko als ein gewaltiger warmer Fluß, überquert den Atlantik und führt so viel Wärme mit sich, daß er die Küsten, die er berührt, bis zum Nördlichen Polarmeer eisfrei hält. Er erzeugt ein mildes Klima. Die Gezeiten (Ebbe und Flut) werden auf der Erde durch die Anziehungskraft von Sonne und Mond verursacht. Sie zieht das Wasser wulstförmig zusammen. Diese Wellenbewegung hebt und senkt den Wasserspiegel der Meere in einem Abstand von ungefähr 12 Stunden. Das Steigen des Wassers nennt man Flut, das Sinken Ebbe. Den Unterschied zwischen dem höchsten Wasserstand (Hochwasser) und dem tiefsten (Niedrigwasser) nennt man Gezeitenhub. Im Meer entstand das Leben auf der Erde, wahrscheinlich waren es Algen. Die ersten nachweisbaren Tiere waren winzig kleine Strahlentierchen (Radiolarien).

Muscheln (S. 186/187) sind Weichtiere, von denen es auf der ganzen Welt im Süßwasser der Flüsse und im Salzwasser des Meeres rund 25000 Arten gibt. Der kopflose Körper ist zu beiden Seiten von einer harten Schale eingeschlossen, die an den gezahnten Rändern die Schalenhälften wie ein Schloß dicht verschließen. An der Bauchseite ist der beilförmige Fuß, den die Muschel hinausstreckt, wenn sie weiterkriechen will. Muscheln leben am Strand oder in der Tiefsee, wo sie sich in Sand eingraben oder in Torf, Holz oder Gestein hineinbohren. Manche Meeresmuscheln, z. B. Austern und Miesmuscheln, sind eßbar, andere Muscheln bringen die schillernden, mattglänzenden Perlen hervor.

Schnecken sind ebenfalls Weichtiere, die auf dem Land und im Wasser leben. Aus Kalk, das die Tiere absondern, besteht das Schneckenhaus, das zusammen mit den Tieren selbst größer wird. Im Unterschied zu den Muscheln, deren Gehäuse aus zwei Teilen besteht, ist das Schneckenhaus immer einteilig. Nur wenige Schnecken bilden noch einen Gehäusedeckel aus, der auf dem Fuß sitzt. Kriecht eine solche Schnecke in ihr Haus, dann verschließt sie es mit dem Deckel.

Nadelbäume (S. 115) sind Holzgewächse mit meist immergrünen, nadelartigen oder schuppenförmigen Blättern; der reichästige Baum kann bis zu 100 m hoch werden.

Die *Tanne.* Sie hat eine weißlichgraue Rinde (Weißtanne) und weißes Holz, der Fruchtzapfen steht aufrecht, die recht breiten Nadeln sind beiderseits der Äste aufgereiht und tragen zum Schutz gegen die Verdunstung an der Unterseite zwei Wachsstreifen.

Die *Fichte.* Sie ist der am weitesten verbreitete Nadelbaum und kommt in dichten Waldungen im Hügelland und im Gebirge vor. Sie hat spitz zulaufende Nadeln, die rings um den Zweig stehen; der Zapfen hängt herab. Weil sie schnell wächst, wird sie als Nutzholz gern angepflanzt.

Die *Kiefer* (Föhre). Sie wächst dank der weitverzweigten Wurzeln auch im Sand (Rotföhre) wie im steinigen Hochgebirge (Legföhre, Latsche).

Zu den Nadelhölzern gehört außerdem die *Pinie,* die im Mittelmeerraum gedeiht; die langen Nadeln treten buschig auf und bilden die Schirmkrone. Die eßbaren Samenkerne von mandelartigem Geschmack enthalten Öl. Die *Zeder* und die *Zypresse* sind in Kleinasien und im Mittelmeergebiet heimisch. Der *Wacholder* (vgl. S. 60/61), ein Strauch aus der Familie der Zypressen, hat stachelspitze Nadeln. Seine blauschwarzen Beerenzapfen werden für Branntwein, als Gewürz und als Heilmittel verwendet.

Nagetiere (S. 135) sind pflanzenfressende Säugetiere, meist ziemlich klein, die alle zwei große, sehr kräftige, gebogene Vorderzähne im Ober- und Unterkiefer haben. Diese Zähne schleifen sich beim Nagen ab, aber sie wachsen immer wieder nach. Es gibt auf der ganzen Erde etwa 2800 Arten von Nagetieren, einige bekannte davon sind: Eichhörnchen, Hamster, Hase, Maus (vgl. auch S. 134).

Die *Eichhörnchen* (Eichkatzen), etwa 25 cm lange Tiere, leben am liebsten auf Bäumen, wo sie sich kugelförmige Nester bauen. Sie haben einen rötlichen, grauen oder schwarzen Pelz und einen langen, buschigen Schwanz, den sie als Steuer benützen, wenn sie geschickt und anmutig von Ast zu Ast, von Baum zu Baum springen. Sie leben von Nüssen, Eicheln, Vogeleiern und auch von jungen Vögeln; für den Winter legen sie sich Vorräte an. Eichhörnchen gibt es auf der ganzen Erde, nur nicht in Australien.

Die *Haselmaus* gehört zur Familie der Bilche (Schläfer). Sie ist klein und zierlich, hat einen dichten, gelblichroten, weichen und glänzenden Pelz und klettert flink und geschickt, wenn sie Nüsse, Beeren und Knospen sucht. Vor allem im Haselgebüsch baut sie das kugelige Nest, wo sie in der kalten Jahreszeit den Winterschlaf hält.

Der *Hase* (Feldhase) ist mit dem Kaninchen verwandt, aber nicht zu verwechseln. Er hat lange Ohren, stark verlängerte Hinterbeine und ein dichtes, erdfarbenes Fell. Er wird 70 cm lang, 5 kg schwer und 8 Jahre alt. Während die Kaninchen gesellig und in Höhlen oder Nestern leben, streift der Hase allein und ohne festen Platz umher, um Pflanzen zu suchen und zu benagen. Im Gebirge und im Polargebiet gibt es den Schneehasen und den Polarhasen im weißen Pelz.

Der *Hamster* haust 1–2 m tief unter Getreidefeldern in geräumigen Vorratshöhlen. Dorthin trägt er in seinen großen, dehnbaren Backentaschen Getreidekörner, Leinsamen, Bohnen und Erbsen als Vorrat für den Winter – manchmal mehr als 1 Zentner. Er ist daher ein Schädling; gräbt man ihn aus und fühlt er sich angegriffen, dann geht er bissig und wütend sogar auf Menschen los.

Das *Murmeltier,* aus der Familie der Erdhörnchen, ist fahlgrau und kommt im hohen Gebirge und im Norden Amerikas vor. In größeren Höhlen wohnen bis zu 16 Murmeltiere miteinander. Sie leben von Pflanzen, Samen und Wurzeln. Die Tiere sind scheu und verständigen sich bei Gefahr durch schrille Warnpfiffe. Sie halten einen Winterschlaf, und von daher kommt die Redewendung: er schläft wie ein Murmeltier, wenn jemand einen tiefen Schlaf hat.

Die *Wühlmaus,* im Vergleich zur Maus selbst plump mit kurzem, beringtem Schwanz und stumpfer Schnauze, gräbt sich dicht unter der Erdoberfläche ihre Gänge und frißt Kartoffeln, Rüben, Gemüse und junge Obstbäume an den Wurzeln an; sie wird als Schädling bekämpft.

Die *Spitzmaus* gehört wie Igel und Maulwurf (vgl. S. 137, 139) zu den Insektenfressern und ähnelt den Mäusen, ist aber durch den schmalen Kopf mit der rüsselförmigen langen Schnauze gut zu unterscheiden. Sie vertilgt Insekten, Schnecken und Würmer. Junge Spitzmäuse beißen sich bei Gefahr im Hinterteil der Mütter fest, und so eilt der Mäusezug in gleichem Schritt ins Nest zurück. Die Wimper-Spitzmäuse im Mittelmeergebiet, 3,6 bis 5,2 cm lang, sind die kleinsten Säugetiere der Erde.

Nashorn (S. 120) Das Nashorn ist ein plumpes pflanzenfressendes Säugetier mit dicker, fast unbehaarter Haut, das knapp 2 m hoch und 5 m lang werden kann. Dreizehige kurze Beine tragen den schweren Körper. Es gehört wie das Pferd zu den unpaarzehigen Huftieren. Ein Nasenhorn haben das indische (Panzer-) und das javanische Nashorn, zwei Hörner hat das afrikanische (Spitzmaul-)Nashorn. Nashörner leben heute nur noch in tropischen Ländern, und zwar in Sumpfgegenden mit schlammigen Ufern und grasreichen Weideplätzen. Außer den afrikanischen sind die Nashörner fast völlig ausgerottet.

Naturschutz Weil die unheimlich wachsende Zahl von Menschen immer mehr Raum beansprucht, wird die Natur immer mehr zurückgedrängt. Durch Naturschutz soll verhindert werden, daß beim Bau von Siedlungen oder von technischen Anlagen das Gefüge der Landschaft gestört oder sogar zerstört wird.

Der *Pflanzenschutz* stellt seltene wildwachsende Pflanzen unter gesetzlichen Schutz, damit sie nicht gänzlich ausgerottet werden. Man darf sie nicht pflücken und nicht ausgraben. Bei uns sind das zum Beispiel: Alpenveilchen, Edelweiß, Enzian, Orchideen, Seidelbast, Seerosen, Türkenbund.

Der *Tierschutz* im engen Sinn will Mißhandlung oder Quälerei von Tieren verhindern; im weiteren Sinne sollen Tiere, die vom Aussterben bedroht sind, nicht mehr gejagt und getötet werden. Denn die Vergangenheit warnt uns: in den letzten 200 Jahren sind durch das Abholzen von Wäldern, vor allem aber durch sinnlose Jagd und zügellose Fischerei zahlreiche Tierarten nahezu oder völlig ausgerottet worden. Im Jahr 1627 wurde in Ostpreußen der letzte Auerochs erlegt. Vor etwa 100 Jahren wurde der letzte Tarpan, das wilde Waldpferd, in Südrußland getötet. Vom Prschewalski-Pferd, einem unmittelbaren Nachkommen des Urweltpferdes Hipparion, gibt es nur noch in zoologischen Gärten einige Exemplare, das gleiche gilt vom europäischen Wisent. Der Bison lebte in den weiten Savannen Amerikas in so mächtigen Herden, daß Jahr für Jahr mehr als 100000 Stück erlegt werden konnten; heute muß dieses mächtige Huftier unter Schutz gestellt werden. Ausgerottet ist die Dronte, eine Riesentaube aus Mauritius; von der Wandertaube gab es gegen Ende des letzten Jahrhunderts noch Millionen Exemplare in Amerika: das letzte Tier starb 1914 in einem Zoo. Stellers Seekuh, Schimmelantilope und Kaplöwe gibt es nicht mehr. Zwischen 1700 und 1900 sind mindestens 35 Säugetierarten ausgestorben, zwischen 1900 und 1960 noch einmal 45. Vom australischen Koala-Bär wurden Anfang dieses Jahrhunderts noch zwei Millionen Häute ins Ausland verkauft, jetzt leben die letzten Tiere in einem Park bei Sydney. Das Ende der Wale ist abzusehen: Fangboote mit modernsten Geräten fahren in ganzen Flotten zu den Polarmeeren. Jedes Jahr werden mindestens 25000 Wale erlegt und zu Margarine, Seife, Düngemehl und Tierfutter verarbeitet.

Falsch verstandene Abenteuerlust, Sensationsgier und unbesonnene Jagdleidenschaft des Menschen haben dazu geführt, daß der Bestand zahlreicher afrikanischer Großwildarten in kurzer Zeit bis auf einige wenige Tiere zusammengeschrumpft ist. Fast ein Drittel der in Afrika noch lebenden Tiere hat heute eine oder mehrere Kugeln im Körper. Einst war die Erde überquellend fruchtbar und reich an Tieren und Pflanzen, sie wird jetzt jeden Tag ärmer. Eines der letzten Rettungsmittel ist die Einrichtung von Naturschutzgebieten (Nationalparks), wo Tiere und Pflanzen vor dem Zugriff durch Menschen bewahrt bleiben. In unserer Heimat bestehen größere Naturschutzgebiete in der Lüneburger Heide, den Tauern und im Engadin. Für bestimmte Tiere müssen über die Grenzen der Länder hinweg Abmachungen getroffen werden. Ein Beispiel ist der große weiße Polarbär, der nur noch durch internationale Verträge vor dem Aussterben gerettet werden kann. Er ist in fünf Ländern rings um den Nordpol und im arktischen Niemandsland zu finden. Heute soll es noch etwa 15000 Eisbären geben, aber wegen des herrlichen Fells werden jedes Jahr mehr als 1000 Tiere getötet. Die Sowjetunion, Norwegen und Kanada haben die Eisbären daher bereits unter vollkommenen Schutz gestellt.

Nilpferd (S. 162/163) Das Nilpferd (Flußpferd) ist ein kurzbeiniges, gewaltiges Säugetier, das im südlichen Afrika vorkommt. Es ist nah verwandt mit dem Schwein. Nilpferde schwimmen und tauchen gut, ihre Nahrung sind Pflanzen. Die Jungen werden im Wasser zur Welt gebracht und aufgezogen, das ausgewachsene Tier kann 1,50 m hoch, 4,50 m lang und 4000 kg schwer werden. Die großen Eckzähne, manchmal 2 kg schwer, verarbeitet man wie Elfenbein. Speck und Zunge sind eßbar.

Die **Nuß** (S. 108) im eigentlichen Sinne ist eine trockene (harte) Frucht, die als ganzes abfällt. Hierzu gehört etwa die Haselnuß.
Fälschlich als Nuß werden bezeichnet: Walnuß, Mandel, Kokosnuß, Paranuß und Erdnuß. Die ersten drei sind Steinfrüchte; bei ihnen besitzt die Fruchtwand einen harten inneren und einen fleischigen äußeren Teil. Die Erdnuß gehört zu den Hülsenfrüchten, und Paranüsse sind Samen aus Kapselfrüchten. Allen Exemplaren gemeinsam ist der süße, ölhaltige Keimling.
Die *Haselnuß* wächst am etwa 3 m hohen Haselstrauch, einem in Europa und Asien verbreiteten Birkengewächs. Die Früchte stecken in einer becherförmigen Hülle. Ihre Samen sind nahrhaft, werden zu Öl verarbeitet und in Schokolade zermahlen, aber auch für Parfüm und Seife verwendet. Die *Walnuß* wächst am etwa 30 m hohen Nußbaum. Das unreife Fleisch der Steinfrucht wird zum Braunfärben (Beizen) verwendet, eßbar sind die Samen in der Nußschale, für Möbel beliebt ist das harte gemaserte Holz.
Die *Mandel,* eine Steinfrucht mit Samenkern, wächst am tropischen Mandelbaum, einem Obstbaum, der mit Pfirsich und Aprikose verwandt ist. Bittere Mandeln enthalten Gift und müssen immer erst geröstet werden, süße Mandeln dienen zur Herstellung von Öl, Sirup gegen Husten, Marzipan.
Die *Erdnuß* kommt vor allem in China, Indien und Westafrika vor. Die Hülsen mit den Samen bohren sich, sobald sie reif sind, in den Boden. Die Erdnuß liefert Öl, wird für Butter und Margarine verwendet, die gerösteten, gesalzenen Kerne sind gut zum Knabbern.
Die *Kokosnuß* ist eine Steinfrucht, die an der etwa 25 m hohen Kokospalme wächst. Etwa vom 12. bis zum 50. Jahr trägt der Baum jährlich 50 Früchte. Die kopfgroße Nuß ist – da der Baum ursprünglich an der Meeresküste stand – auf die natürliche Verbreitung durch strömendes Wasser eingerichtet: derbe Außenhaut, darunter zähfaserige Hülle als Schwimmgürtel. Weiter folgt die harte Steinschale, die das Fruchtfleisch und zuinnerst die süßsäuerliche Kokosmilch umschließt.
Die *Paranuß* ist der Samen des mächtigen, bis zu 35 m hohen südamerikanischen Paranußbaumes. Die vielen dreikantigen Samen sind in den kopfgroßen Fruchtkapseln.
Obst (S. 90/91) ist der Sammelname für Früchte von Pflanzen, die über mehrere Jahre hinweg Ernte bringen. Die Obstbäume sind im Verlauf von Jahrtausenden aus wild wachsenden Sträuchern gezüchtet worden. Meist blühen sie, bevor die Blätter kommen. Man unterscheidet: 1. Kernobst (Apfel, Birne, Quitte), bei welchem der Fruchtknoten unter der Blüte sich zur Frucht entwickelt, die mehrere Kerne enthält. 2. Steinobst (Kirsche, Pflaume, Aprikose, Pfirsich), bei welchem die Fruchtwand aus einem äußeren fleischigen und einem inneren harten Teil besteht; im Innern ist meist nur ein Samen enthalten. 3. Beerenobst (vgl. S. 92/93). 4. Schalenobst (vgl. S. 108). 5. Südfrüchte (vgl. S. 94/95). Gemäß der Erntezeit spricht man von Sommer-, Herbst- und Winterobst. Obst soll möglichst kühl und luftig aufbewahrt werden. Den erfrischenden Wohlgeschmack bewirken Obstsäuren, Zucker und Aromastoffe, wichtig für den menschlichen Körper sind die im Obst enthaltenen Mineralstoffe und Vitamine.
Der *Apfel,* die Kernfrucht des Apfelbaums, ist das älteste bekannte Obst Mitteleuropas. Äpfel sind wegen des Nährwerts, der vielfältigen Verwertung und langen Haltbarkeit die wichtigste Kernobstart. Es gibt mehrere hundert verschiedene Sorten. Das Holz des Baumes ist besonders für künstlerische Schnitzarbeiten gesucht.
Die *Aprikose,* die Steinfrucht des wahrscheinlich aus China stammenden Aprikosenbaumes, ist rundlich oder länglich. Die Früchte gedeihen in geschützten Lagen und werden roh, gedörrt oder eingemacht gegessen.
Die *Birne,* Kernfrucht des Birnbaumes, ist nach dem Apfel unsere wichtigste Obstart, ebenso nahrhaft, aber weniger haltbar und lagerfähig. Es gibt mehr als 2000 Sorten von Birnen. Das rötlichbraune Birnenholz ist ziemlich hart, jedoch leicht zu bearbeiten, es ist gesucht für Schnitzarbeiten und Möbel.
Die *Kirsche* ist die rötliche oder schwarze, am langen Stiel reifende Frucht des Kirschbaums. Beliebt ist der Obstbranntwein (Kirschwasser) aus den vergorenen Früchten, das Holz wird für Möbel verwendet.
Der *Pfirsich,* die Steinfrucht eines aus China stammenden Rosengewächses, gedeiht heute vor allem in Italien, Südfrankreich und Kalifornien.
Die *Pflaume* (rundlich) und die *Zwetschge* (eiförmig länglich) sind Früchte von Obstbäumen, die in vielen Formen gezüchtet wurden. Weitere bekannte Sorten sind Mirabellen und Reineclaude, beide gelblich gefärbt.
Die *Quitte,* Kernfrucht des strauchartigen, niederen Quittenbaumes, ist roh ungenießbar, für Kompott und Gelee aber geschätzt. Der Baum verlangt einen geschützten, sonnigen Standort und feuchten Boden.
Papageien (S. 148/149) sind bunte Klettervögel der heißen Länder mit gekrümmtem Zangenschnabel. Sie leben von Samen, Früchten, Knollen, Blütenhonig, manche auch von Insekten. Die Jungen werden von den Eltern, die immer zusammenbleiben, lange versorgt. Papageien sind intelligent, leicht zu zähmen und lernen schnell die menschliche Stimme mit Melodien, Wörtern und ganzen Sätzen nachahmen. Zu den Papageien gehören:
Die *Sittiche,* die es von der Größe eines Sperlings bis zu der eines Raben gibt. Sie haben einen langen, keilförmigen Schwanz und buntes Gefieder. Als Käfigvogel ist der grüne Wellensittich besonders beliebt, der auch in den Farben Gelb, Blau und Weiß gezüchtet wurde.
Die *Ara* (auch Arara) aus Mittel- und Südamerika sind die größten (bis zu 90 cm lang) Papageien mit starken Schnäbeln und spitzen, langen Schwänzen.
Pferd (S. 126/127) Das Pferd ist ein großes, hochbeiniges Säugetier mit kräftig entwickelter Mittelzehe, dem Huf. Es gilt wegen seiner schönen Gestalt, Gelehrigkeit, Ausdauer und Kraft als das edelste Haustier. Das Hauspferd, das heute in vielen Rassen auf der ganzen Welt gezüchtet wird, stammt vermutlich von Wildpferden aus der Mongolei ab. Je nach der Verwendung unterscheidet man Renn-, Reit-, Wagen- und Zugpferd. Je nach der Farbe unterscheidet man Füchse (fuchsrot), Braune (den Füchsen ähnlich, aber Schweif, Mähne, Schnauze oder Vorderkopf schwarz), Rappen (ganz schwarz), Schimmel (farbig geboren, aber ganz weiß geworden), Apfelschimmel (mit dunklen Stellen). Je nach dem Temperament – nicht nach der Körpertemperatur – unterscheidet man Kalt- und Warmblutpferde. Warmblutpferde sind die lebhaften Rennpferde mit leichtem, elegantem Körperbau wie die Araber oder die englischen Vollblutpferde; Kaltblutpferde sind ruhig, langsam und wuchtig, sie dienen meist als Zugpferde.
Eine Zwergsorte von Pferden sind die genügsamen, widerstandsfähigen und beweglichen *Ponies,* die besonders in England, Island, Schweden, Norwegen und stellenweise in Osteuropa gehalten werden.
Zu den Pferden als Tierfamilie gehören auch:
Der *Esel.* In den Bergen Asiens und in Nordafrika gibt es noch Wildesel, von ihnen stammt der gezähmte, meist graue Hausesel ab, ein wertvolles, anspruchsloses Reit- und Lasttier, aber auch bekannt wegen seines Starrsinns. Der Esel ist kleiner als unser Pferd, hat sichtlich längere Ohren und einen bequasteten, also an der Spitze lang behaarten Schwanz.
Das *Maultier,* auch Muli genannt, entsteht aus der Kreuzung zwischen einem männlichen Esel und einem weiblichen Pferd; es erhält von der Mutter Größe, Form und Farbe, vom Vater Kopf, Ohr, Schwanz und Stimme; hingegen nennt man die wenig geschätzten Nachkommen von männlichem Pferd und weiblichem Esel *Maulesel.* Beide Tierarten können sich nicht fortpflanzen.
Das *Zebra,* ein Wildpferd in den afrikanischen Steppen mit eselartigem Kopf und helldunkel (schwarz- oder braunweiß-) gestreiftem Fell, lebt gesellig. Der Schwanz ist lang, die Mähne kurz und steif, die Stimme rauh.
Pilze (S. 104/105) wachsen wie alle Pflanzen an ihrem festen Standort, aber es fehlt ihnen das Blattgrün (Chlorophyll). Daher müssen sie wie die Tiere und Menschen von Nährstoffen leben, die andere herstellen, nämlich meistens verwesende Pflanzen. Pilze sind in mehr als 100000 Arten weltweit verbreitet, darunter kleinste Lebewesen, deren Größe mit Tausend-

stelmillimetern angegeben wird. Viele der winzigen Pilze erregen Krankheiten bei Menschen, Pflanzen und Tieren, andere (z.B. Schimmel) verderben Nahrungsmittel oder bewirken Gärungen wie die Hefepilze. Zu den hochentwickelten Pilzen gehören die Hutpilze (auch Schwämme genannt), die in Wald und Wiese gedeihen. Pilze sollte nur der Kenner sammeln, denn eßbare und giftige Arten sind oft nur schwer zu unterscheiden. Hochgiftig sind der grüne Knollenblätterpilz und der hübsche Fliegenpilz.
Der giftige *Fliegenpilz* wird zwischen 5–20 cm groß, der Hut ist orangerot bis orangegelb und beim jungen Pilz mit weißen anklebenden Flocken bedeckt. Er wächst vor allem unter Birken und Nadelhölzern.
Der eßbare *Trottoir-* oder *Stadtchampignon* ist eine der Formen des Feldchampignons; der Fruchtkörper dieses Ständerpilzes ist weißlich. Der Gartenchampignon wird vor allem in Frankreich gezüchtet und gern gegessen. Alle Champignons brauchen gleichmäßige Feuchtigkeit und Temperatur.
Das eßbare *Stockschwämmchen* ist ein zarter, in Büscheln am Holz wachsender Pilz, der fast das ganze Jahr hindurch zu finden ist, sogar während milder Winterwochen.
Der *Steinpilz* ist der König unter den Speisepilzen, kenntlich am braunen Hut, dem starken, meist keulenförmigen Stiel mit feiner Netzzeichnung an seinem oberen Ende. Man findet ihn von Juni bis November unter Laub- und Nadelbäumen.
Der *Größte Saftling* wird 5–12 cm groß und kann im Herbst vor allem auf Wiesen gefunden werden. Der stumpfglockige Hut blaßt in der Sonne und bei Trockenheit rasch aus.
Die eßbare *Speisemorchel* findet man mit bienenwabengelben, kugeligen oder verlängerten Hüten. In tieferen Gegenden ist sie ein ausgesprochener Frühlingspilz; man findet sie besonders an sandigen, gestrüppreichen Flußauen, in Hecken oder lichten Föhren- und Mischwäldern. Hut und Stiel gelten als besonders wohlschmeckend.
Der *Echte Reizker* gehört zu den Milchlingen: diese sondern eine scharf schmeckende milchige Flüssigkeit aus, wenn man sie berührt. Oft ist der Reizker innen voller Maden. Er wird höchstens 10 cm groß und gedeiht im Sommer/Herbst; je nach Bodenunterlage und Art des Waldes gibt es verschiedene Spielarten.
Der *Pfifferling (Eierschwamm)* ist ein vorzüglicher und sehr beliebter Speisepilz, den man kaum verwechseln kann. Sein Hutrand ist trichterförmig, gelappt und wellig, die Farbe ist gold- bis orangegelb. Er wächst von Juni bis Oktober in Nadel- und Laubwäldern.
Raben (S. 146) bilden eine etwa 300 Arten umfassende Familie mittelgroßer kräftiger Vögel mit starkem Schnabel, dessen Wurzel regelmäßig mit langen Borsten bekleidet ist. Das vorwiegend schwarze Federkleid hat einen mehr oder minder starken Schimmer.
Der große *Kolkrabe* mit einer Länge von etwa 65 cm ist der Rabe im engeren Wortsinn. Sein Schnabel ist klobig, das Gefieder glänzend schwarz, die Kehlfedern sind zottig. In Gefangenschaft ist er leicht zu zähmen und wie ein Hund abzurichten. Er vermag mühelos menschliche Stimmen und tierische Laute nachzuahmen. Der Vogel ist selten und steht in Deutschland unter Naturschutz. Die *Rabenkrähe* ist ebenfalls ganz schwarz, manchmal veilchenfarben oder purpurn schillernd. Sie nistet auf Bäumen, sammelt sich am Tage mit den Artgenossen zu großen Scharen und fliegt leicht und ausdauernd. Die Stimme ist rauh und krächzend.
Die *Dohle* (Turmkrähe), schwarz-grau gefärbt, nistet gern in Türmen, Dachwinkeln und Mauern. Sie ist lebhaft, fliegt schnell und wird in Gefangenschaft zahm und anhänglich.
Die *Elster* ist ein besonders langschwänziger, schwarzgrünweiß gefärbter Rabenvogel. Sie siedelt sich gern in der Nähe von Menschen an, sucht wie alle Raben Gewürm, Schnecken und kleine Wirbeltiere sowie Körner, Beeren und Obst als Nahrung. Sie hat eine Vorliebe für glänzende Gegenstände, die sie in ihrem Nest im Wipfel hoher Bäume versteckt, daher nennt man die Elster diebisch.
Der *Eichelhäher*, ein prächtiger, weinrot-grauer Waldvogel, mit gerundeten Flügeln, schwerfällig fliegend, aber ein geschickter Kletterer und Läufer. In der Brutzeit ist der Eichelhäher ein unersättlicher Nesträuber, der über Eier und Jungvögel in den Nestern herfällt.
Das Rad (S. 40/41) ist eine der ältesten Erfindungen der Menschheit. Es dient zur Übertragung von Kräften und Bewegungen. Wird eine Last etwa auf einem Schlitten geschoben, so entsteht an der großen Lauffläche der Kufen die starke Gleitreibung. Das Rad hingegen berührt immer nur an einer kleinen Stelle die Erde: hier entsteht nur die Rollreibung. Der Widerstand durch Reibung ist viel geringer. Beim Übertragen von Kräften in einer Maschine wirkt das Rad als Hebel. Vor der Erfindung des Rades benutzte man schon im Altertum runde Baumstämme, die man als Rollen unter die Last legte. Die ersten richtigen Räder bestanden aus einer Holzscheibe, die mit einem Keil an der Achse des Wagens befestigt war. Heute besteht ein Rad aus dem Radkranz (Felge), der meist durch Speichen mit der Nabe im Mittelpunkt verbunden ist. Je nach der Verwendung an den Fahrzeugen gibt es ganz unterschiedliche Räder, vom eisernen Rad einer Eisenbahn bis zum Schaufelrad eines Spezialbaggers in der Höhe eines fünfstöckigen Hauses.

Beim *Zweirad* kommt zum Vergnügen am raschen Fahren die Freude über die Geschicklichkeit, das Gleichgewicht zu halten. Der Vorläufer des heutigen Fahrrads war die von Drais 1865 vorgestellte Laufmaschine, bei der man sich allerdings mit Riesenschritten vom Boden abstoßen mußte. Bei der Pariser Weltausstellung 1867 wurde bereits ein Fahrrad mit Tretkurbel vorgeführt. Etwa 1880 kam das gefährliche Hochrad in Mode, bis der Engländer Harry Lawson die Fahrradkette erfand. Heute gibt es viele Arten von Fahrrädern je nach Verwendungszweck, auch Zweiräder mit Antriebsmotoren und Rennräder aus Leichtmetall, die durch Gangschaltung so schnell wie ein Motorrad fahren können.

Regenwald (S. 160/161) Besser bekannt ist die Bezeichnung *Dschungel*. Im engsten Sinn heißt so der indische Buschwald vor dem Himalaja-Gebirge. Der tropische Regenwald zieht sich im Bereich des Äquators rings um die Erde. In Südamerika, Afrika und den Inseln und Halbinseln Südostasiens ist zusammengenommen etwa ein Zehntel der Erdoberfläche von Dschungel bedeckt. In seiner ursprünglichen Form gleicht er, aus einem Flugzeug betrachtet, einem grünen Meer, grenzenlos, undurchdringlich, ohne Weg und Steg. Die Wärme und die Sonneneinstrahlung bleiben immer gleich, nur der Regen kommt einmal mehr, ein andermal weniger häufig. Wärme und Wasser: unter so günstigen Voraussetzungen gedeihen die Pflanzen und mit ihnen zahllose Tiere vorzüglich. Es gibt etwa Pflanzen, die unseren Veilchen verwandt sind: im Dschungel werden sie so hoch wie Kirschbäume; Rosen können 6 m, die höchsten Bäume über 60 m hoch werden. Es gibt hier keine bestimmten Zeiten der Blüte oder der Ernte, keinen Winter, der das Laub von den Bäumen streift: im Dschungel herrscht immer die gleiche Jahreszeit, nämlich Sommer. Wir unterscheiden drei Schichten oder Zonen: die dunkle, schwüle Unterschicht besteht aus Sträuchern und Kräutern; das Laubdach, das einen dichten Abschluß in 20–40 m Höhe bildet; schließlich die Kronen einzelner Bäume, die 60 m und mehr emporragen. Was allerdings für die Pflanzen- und Tierwelt zu solcher Fruchtbarkeit führt, ist für die Menschen hier gar nicht gut: das Klima, die ständige Hitze und Feuchtigkeit. Sie lähmen Tatkraft und Willen. Für den Bestand dieser Paradiese ist heute der Mensch die größte Gefahr: Wenn der Dschungel gerodet oder abgebrannt wird, damit an seiner Stelle Bananen, Mais oder Reis angepflanzt werden, dann ändert sich alles von Grund auf: die Humusschicht des Bodens wird in wenigen Jahren von der Sonne ausgedörrt und ausgelaugt, oder der wolkenbruchartige Regen schwemmt ihn fort. Dann wachsen keine Früchte mehr, und an die Stelle der überquellenden Waldflächen treten Steppen und kahle Wüsten.

Reis (S. 80) ist eine der wichtigsten Getreidearten, mehr als die Hälfte der Menschheit ernährt sich von Reis. Er ist ursprünglich ein Sumpfgras von etwa 1,50 m Höhe, das ähnlich wie der Hafer eine verzweigte Rispe trägt. Seine Heimat liegt im tropischen Asien, in Afrika und Australien, er wird aber heute auch in Italien, Spanien, Ungarn und in den Südstaaten der USA angebaut. In hügeligen Gegenden werden die Felder terrassenförmig angelegt, künstlich unter Wasser gesetzt, dann bepflanzt. Nach dem Schnitt wird der Reis gedroschen und in Mühlen geschält. Der Reis wird körnig oder als Brei gegessen, aus dem Stroh wird das feste, weiche Reispapier gemacht. Außer dem Wasser-Reis, der warme Feuchtigkeit liebt, gibt es den selteneren Berg-Reis, der auf trockenem Boden gedeiht. Am meisten Reis wird angebaut in China, Indien, Japan, Pakistan, Indonesien.

Reptilien (S. 166/167) nennt man Kriechtiere, die teils im Wasser, teils auf dem Land leben. Es sind Wirbeltiere, die durch die Lunge atmen und bei denen sich die Wärme des Blutes der Wärme der Umgebung anpaßt, in welcher die Tiere leben. Der Körper ist bedeckt mit hornigen Schuppen oder Knochenschilden. Äußere Gliedmaßen können, etwa bei den Schlangen, fehlen. Reptilien jagen andere Tiere und fressen das Fleisch, einige Arten sind allerdings Pflanzenfresser. Die meisten legen Eier, aus denen die Jungen schon ziemlich fertig entwickelt herauskommen. Reptilien sind die verschiedenen Arten von Eidechsen, Schlangen, Krokodilen und Schildkröten.

Die *Kragenechse* findet sich in Australien. Sie gehört zur Familie der Eidechsen, die 25 Gattungen und 150 Arten umfaßt und die oft ein sehr farbenprächtiges Schuppenkleid aufweisen. Bei Gefahr kann die Kragenechse zur Abschreckung des Gegners die Hautfalte zu beiden Seiten des Halses wie einen Kragen aufrichten. Das Tier gehört zu den wenigen, die aufrecht auf den Hinterbeinen laufen können.

Die *Meerechse* gehört zur Familie der Leguane, von welcher 50 Gattungen und mehr als 700 Arten bekannt sind. Diese Tiere leben auf Bäumen oder auf dem Boden. Der lange Schwanz dient als Waffe oder wird zum Greifen und Schwimmen benützt. Die Meerechse lebt auf den Galøpagos-Inseln und ernährt sich ausschließlich von Wasserpflanzen. Gesamtlänge ca. 85 cm, Gewicht ca. 12 kg.

Das *Chamäleon*, eine vor allem in Asien und Afrika vorkommende Eidechse von phantastischem Aussehen, ist ein für Menschen harmloses Baumtier, das 10 bis 30 cm lang wird und seine Fangzunge fast ebensoweit herausschnellen kann. Seine Nahrung sind Insekten, die es mit der vorne verdickten und klebrigen Zunge packt. Es kann beide Augen unabhängig voneinander bewegen. Bei Durst, Hunger oder bei Gefahr kann das Chamäleon in Sekunden seine Farbe ändern.

Der *Grüne Leguan* hat seine Heimat in Südamerika und lebt meist auf Bäumen am Flußufer. Seine Grundfärbung ist ein schönes Blattgrün, aber es gibt auch viele Schattierungen. Das Tier erreicht eine Länge von mehr als 2 m, wovon der Schwanz etwa 1,50 m mißt.

Krokodile sind die größten Reptilien. Das Nilkrokodil wird bis zu 7 m lang. In die Rückenhaut sind große Knochenschilder eingelassen, die sich bis zum Ruderschwanz erstrecken. Das Krokodil ist auf dem Land schwerfällig, im Wasser aber ein sehr beweglicher und gefräßiger Räuber, der von Fischen und Wasservögeln lebt. Es überfällt auch größere Landtiere und Menschen. Im Pazifikgebiet kommt das 10 m große Leistenkrokodil vor. *Alligator* heißt die Art in Nordamerika; der *Kaiman*, der rund 4,50 m lang wird, findet sich vor allem im Amazonasgebiet. Es gibt etwa 25 Arten von Krokodilen.

Schildkröten gehören zu den ältesten Tierarten der Erde, heute sind etwa 250 Arten bekannt. Es sind fast runde, langsam kriechende Tiere mit einem festen, hornüberzogenen Panzer, unter welchen Kopf, Schwanz und Gliedmaßen zurückgezogen werden. Als Landschildkröten mit gewölbtem Rückenschild leben sie von Pflanzen, als Wasserschildkröten mit flachem Schild jagen sie Meerestiere. Es gibt die gewaltigen, mehr als 1,50 m hohen und 250 kg schweren Riesenschildkröten auf Madagaskar und auf den Südseeinseln; unser Bild zeigt die Griechische Landschildkröte mit ihrem schwarz-gelben Schild von etwa 30 cm Länge. Schildkröten werden 100 Jahre alt, diese Tierordnung wurde aber wegen des wohlschmeckenden Fleisches fast völlig ausgerottet. Die sehr seltene europäische Sumpfschildkröte steht unter Naturschutz.

Der *Gecko*, ein nächtliches Kriechtier mit abgeplattetem Schwanz, kommt am Mittelmeer, in Nord- und Südamerika vor. Mit seinen breiten Haftzehen kann er selbst an glatten Wänden und Decken kriechen. Er jagt Insekten, sein Ruf ist durchdringend.

Die *Smaragd-Eidechse*, eine besonders schöne Eidechsenart, die in Mittel- und Südeuropa vorkommt, wird etwa 40 cm lang. Das muntere, wie alle Eidechsen wärmeliebende Tier hat einen spitzen Schwanz und ist an der Oberseite grasgrün, meist mit vielen schwarzen Punkten. Das Männchen hat einen blauen Kopf und eine blaue Kehle. Die Tiere halten in der kalten Jahreszeit einen Winterschlaf. Eidechsen muß man vorsichtig anfassen, denn der Schwanz bricht leicht ab und wächst nur sehr verkümmert nach. Auch die Blindschleichen sind Eidechsen mit allerdings verkümmerten Füßen.

Rinderartige Huftiere (S. 128/129) Die Rinder sind meist große, schwere, behäbige Wiederkäuer mit Hörnern bei beiden Geschlechtern oder seltener nur beim Männchen; die Schnauze ist breit, die Nase nackt, das kurzhaarige Fell ist glatt.

Das *Hausrind* nützt dem Menschen in vielfacher Weise. Der Ochse ist – heute allerdings nur noch selten verwendet – ein sehr kräftiges Zugtier; die Kuh erzeugt Milch, aus Milch wiederum wird Butter, Käse und Quark sowie Joghurt, Buttermilch

und Sauermilch gewonnen. Außerdem liefern Rinder Fleisch; das Fett wird zu Margarine, zu Kerzen und Seifen, die Haut zu Leder, die Knochen zu Leim, die Haare zu Filz verarbeitet, der Stallmist ist ein wertvoller Dünger.
Zu den *Wildrindern* gehört der ausgestorbene Auerochse (Ur), der Vorfahre unseres Hausrindes. Heute lebende Wildrinder sind:
Die *Antilopen,* die mehrere Unterfamilien bilden; alle haben Hörner, die auf einem Knochenzapfen aufsitzen und nicht gewechselt werden. Die Augen sind groß und dunkel. Antilopen sind Pflanzenfresser und gute Läufer. In Afrika finden sich das Gnu, die Beisa, die Schwarzfersenantilope (Impala), der Kudu; seltener sind die Antilopen in Asien. Die einzige Antilope in Europa ist die *Gemse,* ein bewegliches, gewandtes Klettertier mit hakenförmigem Gehörn, das in Rudeln im Mittel- und Hochgebirge Europas und Vorderasiens vorkommt. Das Fell ist im Sommer rötlich-braun, im Winter braun-schwarz.
Der *Bison* (Indianerbüffel) fällt auf durch seine Größe (3 m lang, 1 m hoch, 1000 kg schwer) und seine starke Kopfbehaarung. Er wurde vor allem wegen seines Fells gejagt und ist heute in den Vereinigten Staaten geschützt.
Der *Büffel* mit weitausladenden, an der Wurzel verdickten Halbbogenhörnern und tonnenförmigem Rumpf wurde zum Haustier gezüchtet (Wasserbüffel, vgl. S. 80) und dient in Ostasien, am Mittelmeer, in Australien und im Süden der Vereinigten Staaten als Zugtier; der afrikanische Kaffernbüffel ist von der Ausrottung bedroht.
Moschusochsen sind dem Schaf ähnliche Horntiere mit dichtem, den Boden fast berührendem Haar. Die Tiere leben herdenweise in den Tundren Nordamerikas und der Polarinseln. Sie wurden wegen des Pelzes gejagt und sind heute im Aussterben.
Mufflons (Dickhornschafe) haben lange, leicht nach außen und hinten gebogene Hörner und ein seidenweiches braunes Winterfell. Sie sind die Vorfahren des Hausschafes und stammen von Sardinien und Korsika.
Die *Ziegen* liefern als Haustiere Milch, Fleisch und Fell; zu den wilden Ziegen gehört der *Steinbock,* ein kräftiger, hervorragender Steinkletterer mit langen, nach hinten gekrümmten Hörnern. Das Tier ist fast ausgestorben und in den Alpen geschützt.
Schaf (S. 131) Das Schaf, ein wichtiges Haustier, liefert seit mehreren tausend Jahren den Menschen Fleisch und Wolle. Das Hausschaf, das es in vielen gezüchteten Formen gibt, hat ein zottiges, dichtes Fell, einen behaarten Schwanz und beim männlichen Tier (Bock) schneckenförmig gewundene Hörner. In Mitteleuropa erfolgt die Schafzucht vielfach als Wanderschäferei; dabei zieht der Hirte mit der Herde von einigen hundert Schafen zu den oft weit auseinanderliegenden Weideplätzen. Der besonders ausgebildete Hirtenhund (Schäferhund) hilft ihm, die Herde zu beaufsichtigen und zu schützen. Die feinste Wolle stammt vom Merino-Schaf, das besonders in Australien in riesigen Herden gehalten wird. Verbreitet ist die Schafzucht außerdem in England, Argentinien, den Vereinigten Staaten und Rußland. Das Fell jung geschlachteter Karakul-Lämmer ergibt den wertvollen Persianer-Pelz.
Schiff (S. 52/53, 54/55, 58/59) Mit diesem Namen bezeichnet man ganz allgemein ein Wasserfahrzeug, im eigentlichen Sinn meint das Wort heute nur die größeren Fahrzeuge, während die kleineren besondere Namen haben, z. B. Boot, Kahn, Nachen. Die Schiffahrt begann mit dem Floß aus zusammengebundenen Schilfrohrstengeln oder Baumstämmen, dem Boot aus Rindenstücken und dem ausgehöhlten Baumstamm. Die großen Schiffe der Phönizier, Griechen und Römer wurden mit Rudern, oft in mehreren Reihen übereinander, angetrieben, sie hatten aber auch schon wie die Schiffe der Wikinger Mast und Segel, um die Kraft des Windes auszunützen. Im späten Mittelalter gelang es, die Kunst des Segelns mit großen Schiffen immer weiter zu vervollkommnen und im gleichen Maße auf den Antrieb durch Ruder zu verzichten. Den Übergang zum reinen Segelschiff bildet die Kogge. Die Schiffe wurden immer schlanker und schneller, Eisen und Stahl wurden statt Holz als Baumaterial verwendet, Dampfmaschinen, Dieselmotoren, Gasturbinen und Atomkraft für den Antrieb benützt.

Schiffe aus 5 Jahrtausenden: Altertum: 1 Ägyptisches Seeschiff 2 Ägyptisches Binsenboot 3 Griechische Bireme 4 Phönizisches Handelsschiff. Um Christi Geburt: 5 Römische Kriegsgaleere 6 Römisches Frachtschiff. Um 800: 7, 8 Wikingerschiffe. Mittelalter: 9 Spanische Galeone 10 Kreuzfahrerschiff. Um 1500: 11 Galeere 12 Fregatte 13 Flämische Karracke 14 Englisches Kriegsschiff 15 Fleute 16 Pinasse. Um 1700: 17 Linienschiff 18 Prunkschiff 19 Fregattschiff. Um 1900: 20 Panzerschiff 21 Raddampfer 22 Klipper. Moderne Schiffe: 23 Schlepper 24 Öltanker 25 Küstenfrachter 26 Passagierschiff 27 Frachtschiff.

Alte Schiffe (S. 54/55):
Ein Langschiff der Wikinger aus dem 9./10. Jh. n. Chr. Mit solchen Schiffen besegelten die gefürchteten Piraten und Räuber die ganze damals bekannte Welt, von Island bis nach Nordafrika, von Rußland bis nach Amerika. Das *Wikingerschiff* hatte geringen Tiefgang, war vorn und hinten (Bug- und Achtersteven) hochgebogen und trug am Bug den Drachenkopf. Das Segel war meist bunt und viereckig, die Länge konnte mehr als 30 m betragen, 60–80 Ruder trieben das Schiff voran.
Einbaum von Eingeborenen der Südsee, das Boot besteht aus einem ausgehöhlten Baumstamm.
Ruderboot, wie es an der Küste, auf Seen und Flüssen benutzt wird.
Floß mit Segel, ein einfaches Wasserfahrzeug.
Hansa-Kogge, ein breites, bauchiges Segelschiff, das im 13. und 14. Jahrhundert in den nördlichen Meeren vor allem als Handelsschiff verwendet wurde.
Chinesische Dschunke, ein hochbordiges, seetüchtiges, wenn auch etwas schwerfälliges Segelfahrzeug aus Ostasien, das über Tausende von Jahren hinweg gleich geblieben ist.
Ägyptisches Seeschiff (ca. 1500 v. Chr.), etwa 30 m lang.

Griechische Bireme (ca. 500 v. Chr.). Aus diesem Typ entwickelten sich die gewaltigen Kriegsschiffe des 3. Jh. v. Chr., die 130 m lang und 17 m breit waren und 4000 Ruderer benötigten, denn ein einziges Ruder mußte durch 40 Männer bewegt werden.
Römische Galeere. Mit solchen Kriegsschiffen sicherten die Römer im 1. Jh. v. Chr. ihre Weltherrschaft.
Römisches Handelsschiff. Manche waren 60 m lang, beförderten mehr als 600 Fahrgäste und drangen über Indien hinaus bis an die chinesische Grenze vor.
„Santa Maria“ und *„Nina“*, die berühmtesten Galeonen des 15. Jh. Diese Art von Segelschiffen der Entdeckerzeit hatte 2–5 Masten, war bis zu 35 m lang und 10 m breit.
„H. M. S. Victory“, beauftragt 1758, vom Stapel gelaufen 1765, bewaffnet mit 104 Kanonen. 120 Jahre war das Schiff auf See, heute ist es ein schwimmendes Museum.
Schiffe aus unserer Zeit (S. 58/59):
„Great Eastern“, von I. K. Brunel konstruiert, 1858 vom Stapel gelaufen, 1860 erste Fahrt über den Atlantik. Das Schiff war für die damaligen Verhältnisse einzigartig und gewaltig: der Rumpf war ganz aus Eisen und 222 m lang. Das Schiff verdrängte 19000 t Wasser, war mit Schaufelrädern, einer Schiffsschraube und außerdem mit sechs Masten für die Besegelung ausgestattet. Es sollte 4000 Fahrgäste (oder 10000 Soldaten) aufnehmen, bekam aber nie genug Passagiere, so daß es schließlich nur als Kabelleger im Ozean verwendet wurde.
Ausflugdampfer mit Schaufelradantrieb, wie sie bis heute auf großen Seen im Binnenland und für Vergnügungsfahrten in Küstennähe Verwendung finden, aber mehr und mehr von Schraubendampfern abgelöst werden.
Mississippisteamer heißen die Dampfschiffe, die von Anfang des 19. Jahrhunderts an auf dem amerikanischen Fluß Menschen und Waren beförderten. Im Jahre 1822 verkehrten bereits 35 solcher Dampfer regelmäßig. Kennzeichen dieses Typs: geringer Tiefgang, hohe Schornsteine, riesige Schaufelräder am Heck. Die Räume für Fahrgäste der 1. Klasse waren verschwenderisch schön und behaglich ausgestattet.
„Preußen“, Baujahr 1902, der einzige Fünf-Mast-Segler der Welt mit einer Länge von 124 m.
Segeljolle, ein kleines Segelschiff für den Sportsegler mit Besegelung und „Schwert“: eine Metallplatte, die in Längsrichtung des Bootes ins Wasser gelassen wird, um ein Kentern zu verhindern.
„Mauretania“, Baujahr 1907, das erste große Passagierschiff im regelmäßigen Verkehr über den Atlantischen Ozean mit Turbinenantrieb, aber Kohlenfeuerung – die Kessel wurden von 224 Heizern mit täglich 1000 t Kohle gespeist. Länge 263 m, Größe 31938 Brutto-Registertonnen (BRT). 1 BRT hat 2,83 cbm, mit diesem Maß wird der im Schiff enthaltene Raum unter Deck gemessen und bezeichnet.
Mesoscaphe, ein Unterseeboot für Ausflugsfahrten unter Wasser.
Bathyscaphe, ein Unterseeboot von Auguste Piccard für die wissenschaftliche Forschung, mit welchem Jacques Piccard im Stillen Ozean eine Tiefe von 10900 m erreichte.
Öltanker für den Transport von Rohöl. Diese gewaltigen Schiffe haben heute durchweg eine Größe von 30000 bis 100000 t. Supertanker sind 300000 t groß, 14 Stockwerke hoch und dreimal so lang wie ein Fußballfeld.
Schlepper. Ein kleines, wendiges, aber starkes Dampf- oder Dieselmotorschiff, das Lastkähne ohne Motor vor allem auf Flüssen hinter sich herzieht oder das die großen Fracht- und Passagierschiffe in den Hafen hinein- oder aus dem Hafen herausbugsiert.
Kühlschiff, das leicht verderbliche Ware in besonderen Kühlräumen rasch transportiert.
Leuchtschiff (Feuerschiff), *Leuchtturm.* Das in der Spitze des Turms in bestimmten Abständen aufscheinende, kreisende Licht hilft den Schiffen den richtigen Weg finden und warnt vor gefährlichen Stellen.
Moderner Passagierdampfer mit allen Bequemlichkeiten eines erstklassigen schwimmenden Hotels; Länge etwa 250 m, Größe etwa 38000 BRT.
Rennboot und *Jacht,* Fahrzeuge für den Wassersport.
Luftkissenfahrzeug, ein Fahrzeugtyp, bei dem ein Luftkissen zwischen der Unterseite des Fahrzeugs und der Oberfläche z. B. des Wassers gebildet wird, welches das Gerät trägt: ein Propeller treibt das Fahrzeug mit Geschwindigkeiten zwischen 50 und 150 km/h vorwärts.
Tragflügelboot, ein Motorschnellboot mit kleinen Flügelarmen an der Unterseite. Bei hoher Geschwindigkeit hebt sich das Boot bis über die Wasseroberfläche.
Moderner Flußdampfer für Ausflugsfahrten.
Schleppkahn mit eigenem Antrieb (Dieselmotor) für den Transport von Waren.
Atom-Unterseeboot. Die Antriebskraft dieser großen Unterwasserkreuzer liefert ein Atomreaktor. Das Schiff ist ca. 100 m lang, 9,20 m breit, benötigt mehr als 100 Mann Besatzung und kann monatelang ohne Auftauchen unter Wasser bleiben.
PX 15, ein Unterseeboot für die wissenschaftliche Forschung.
Schmetterlinge (S. 172) gehören zu den Insekten und sind in mehr als 100000 Arten auf der ganzen Erde zu finden. Sie haben vier gleichartige Flügel, die dachziegelförmig mit Schuppen bekleidet sind und oft in vielfältigen Mustern und leuchtenden Farben prangen. Es gibt winzige Arten, wie die Motten, tropische Schmetterlinge erreichen hingegen bis zu 30 cm Spannweite. Viele Schmetterlinge können im Flug große Strecken zurücklegen. Mit dem Saugrüssel nimmt der Schmetterling Blütensaft und Wasser auf. Dabei bleiben auch Pollenkörper hängen. So trägt er zur Befruchtung der Blüten bei. Das Insekt macht eine vollständige Verwandlung durch: aus den Eiern, die in Häufchen an den Blättern abgelegt werden, entwickeln sich die Raupen, die bei bestimmten Arten die Pflanzen kahlfressen und als Schädlinge bekämpft werden. Nach mehreren Häutungen spinnen sich die Raupen an einem geschützten Ort in einen Kokon ein: sie verpuppen sich. Aus der Puppe schlüpft dann der Schmetterling. Diese Entwicklung dauert etwa ein Jahr, während der Schmetterling selbst in der Regel nur wenige Wochen zu leben hat. Man unterscheidet hauptsächlich zwischen Tagfaltern und Nachtfaltern.
Zitronenfalter, ein bis zu 5,5 cm großer, häufiger Tagschmetterling aus der Familie der Weißlinge, die Raupe findet man im Mai/Juni auf Kreuzdorn und Faulbaum – *Schwarzgefleckter Blauling,* auch Randpunkt genannt, ein Tagfalter, im Juni/Juli auf Waldwiesen und im Gebirge zu sehen – *Admiral,* ein Tagfalter, der in den Monaten Mai bis August fliegt, die Raupe findet sich einzeln an Brennesseln und Disteln – *Großer Kohlweißling,* ein etwa 6 cm spannender Tagfalter. Auf dem

1 Chinesischer Seidenspinner 2 Fichtenschwärmer
3 Tagpfauenauge 4 Brauner Bär

Kohlblatt Eier und Raupe, links daneben die Puppe – *Totenkopf,* ein überwiegend südeuropäischer Tagfalter von ca. 12 cm Spannweite, der zum Honigraub in Bienenstöcke eindringt, die grünliche Raupe lebt am Kartoffelkraut und am Stechapfel, die Puppe ist in der Erde eingesponnen; kommt in Mitteleuropa selten vor – *Feuervögelchen,* ein Falter, der in Mitteleuropa weit verbreitet ist, die Raupe kann man im April/Mai sowie Juli/August an Ampfer und Goldrute sehen – *Nachtpfauenauge,* ein großer Nachtfalter mit prächtiger Zeichnung, besonders in den Tropen kommen seine rund 900 Arten vor, von denen einige Seide spinnen – *Aurorafalter,* ein heimischer Tagschmetterling aus der Familie der Weißlinge, die Raupe trifft man vor allem auf dem Wiesenschaumkraut und an Kressenarten, die Puppe hat kahnförmige Gestalt – *Tagpfauenauge,* ein Tagfalter von ca. 6 cm Spannweite, die Raupe lebt gesellig an Brennesseln und Hopfen – *Taubenschwanz,* ein sogenannter Schwärmer, der stoßweise im Sonnenschein fliegt und, schwebend in der Luft stehend, an Trichterblüten saugt – *Ordensband,* ein eulenartiger, bis zu 10 cm spannender Nachtschmetterling mit grauen Vorderflügeln und blau, rot oder gelb gefärbten Hinterflügeln mit schwarzen Bändern – *Schwalbenschwanz* mit Raupe und Puppe, ein großer Tagschmetterling in Europa und Asien, die grüne Raupe hat rote Punkte in den schwarzen Querbändern, sie bevorzugt Fenchel, Möhre, Petersilie.

Schwein (S. 130) Das *Wildschwein* ist die Stammform des in vielen Züchtungen verbreiteten Hausschweins. In Mitteleuropa ist das Wildschwein schon ziemlich selten geworden. Es lebt gesellig in Wäldern und sumpfigen Gebieten Europas, Asiens und Nordafrikas. Bei Tag ruhen Wildschweine in selbstgegrabenen Mulden („Kesseln"), bei Nacht aber streifen sie durch Wälder und Felder, suchen Schnecken, Larven, Trüffeln, Eicheln und Bucheckern, aber auch junges Korn, Kartoffeln und Rüben, und so verwüsten sie angepflanzte Felder. Die Frischlinge sind in der Längsrichtung gelblich gestreift. Ausgewachsene Wildschweine sind braunschwarz, etwa 2 m lang und 200 kg schwer. Die Ohren stehen fast aufrecht, der Wühlrüssel ist hart und stark, aus dem Maul ragen die kräftigen Eckzähne (Hauer), die dem Keiler als Waffe dienen. Verwandt, aber nicht ähnlich sind die Wildschweine außerhalb Europas: Warzen- und Pinselschwein in Afrika, Hirscheber auf Celebes, Nabelschwein in Amerika.

Das *Hausschwein* – ebenso wie das Wildschwein – ist ein Allesfresser und ein Paarhufer, aber kein Wiederkäuer. Der Rumpf wirkt langgestreckt, die Schnauze ist rüsselförmig verlängert, die Augen sind klein und schief geschlitzt, das Haarkleid ist borstig. Schweinezucht wird vor allem wegen des Fettes und des Fleisches fast überall auf der Welt betrieben, die Religionsgesetze der Juden, Mohammedaner und Hindus verbieten – ursprünglich aus Gründen der Gesundheitspflege – den Genuß von Schweinefleisch.

Singvögel (S. 144/145) oder Sperlingsvögel nennt man solche Vogelarten, die in ihrem unteren Kehlkopf 4–8 Paar Singmuskeln haben und dadurch befähigt sind, abwechslungsreich und klangvoll zu singen. Über 5000 Arten rechnet man zu dieser Ordnung, zu der die herrlich singende Nachtigall, aber auch der zwitschernde Spatz und die schimpfende Krähe gehören.

Singvögel vertilgen Schädlinge wie Insekten, Raupen und Larven und sind daher nützlich. Je nach ihren Lebensgewohnheiten ist ihr Schnabel verschieden gestaltet: Insektenfresser wie die Drossel haben einen Pfriemenschnabel, Körnerfresser wie der Fink haben einen Kegelschnabel, fliegende Jäger wie die Schwalbe einen Spaltschnabel, Allesfresser wie der Star einen Großschnabel. Singvögel sind meist farbenfroh gefiedert, fliegen schnell und gewandt, die Jungen sind Nesthocker mit einem meist grell gefärbten Rachen.

Die *Amsel* (Schwarzdrossel) ist ursprünglich ein scheuer Waldvogel, heute nistet sie gern im Gebüsch von Stadtrandgärten. Das Männchen ist schwarz mit gelbem Schnabel und Augenring und flötet schön und laut, das Weibchen ist einfarbig dunkelbraun. Amseln leben von Würmern, Schnecken, Insekten und reifem Obst.

Die *Bachstelze* gehört ebenfalls zu den Singvögeln. Es sind zierliche, schlanke Vögel, die im Sommer mit Vorliebe am Wasser leben und nisten; im Winter ziehen sie nach Afrika. Auffallend ist der lange Schwanz, mit dem sie unablässig wippen.

Der *Buchfink* aus der Familie der Finken ist zu erkennen an den doppelten hellen Streifen auf den Flügeln und hellen Schwanzkanten. Das olivbraune Weibchen ähnelt dem Sperling. Der Flug der Buchfinken ist wellenförmig. Ihre Heimat ist nicht nur Europa, sondern auch Westasien und Nordafrika.

Als *Drosseln* bezeichnet man eine ganze Familie von mehr als 200 verschiedenen Singvögeln. Sie sind meist ziemlich langbeinig, die Augen sind groß, der Schwanz ist gestutzt, die Jungen sind gefleckt. Die Singdrossel mit heller Kehle und hellem Bauch ist ein Zugvogel. Unsere Amsel, die Schwarzdrossel, bleibt dagegen im Winter meist im Lande. In manchen Gegenden werden Drosseln wegen des Fleisches gefangen, in Deutschland sind Drosselfang und Drosselhandel verboten.

Der blau-grün-braun gefiederte *Eisvogel* ist dem Kuckuck verwandt; sein Schnabel ist lang, Flügel und Schwanz sind kurz. Er lebt in Europa und Westasien vor allem an Gebirgsbächen. Stundenlang kann er auf überhängenden Zweigen am Bachufer auf kleine Fische lauern, die er stoßtauchend fängt. Sein Nest ist eine röhrenförmige Höhle, die er ins Steilufer gräbt.

Die *Kohlmeise* ist die größte und bei uns häufigste Meise. Alle Meisen sind kecke, gut kletternde Singvögel, die ihre Nester in Höhlen, Mauerlöchern und auch Briefkästen anlegen; als Insektenvertilger sind sie alle sehr nützlich. Die Kohlmeise ist an Kopf und am Bauch schwarzblau und gelb, am Rücken graugrün. Im Winter sucht sie gern in Häusernähe ihr Futter.

Die *Lerchen* sind eine Singvogelfamilie mit etwa 75 verschiedenen Arten auf der ganzen Erde. Sie sind meist erdfarben mit geradem Schnabel und breiten Flügeln, nisten am Boden, baden im Staub und vereinigen sich im Herbst in großen Scharen zum Flug in den Süden. Die Feldlerche steigt singend und flatternd fast senkrecht empor und läßt sich mit eingezogenen Flügeln herabstürzen. Sie ist an der Oberseite braun und stark schwärzlich gestreift, die weißen Schwanzfedern sind bräunlich gesäumt.

Die *Schwalben* sind schlanke Vögel mit langen Flügeln, gegabeltem Schwanz und kurzen Beinen. Sie fliegen vorzüglich und erhaschen pfeilschnell ihre Beute im Flug mit dem kurzen, gespaltenen Schnabel. Die blauschwarze Rauchschwalbe baut im Innern von Häusern oder Ställen ein offenes Nest aus Erdklümpchen und Strohhalmen. Von Oktober bis März überwintert sie in Nordafrika. Die Mehlschwalbe baut ein napfförmiges Nest.

Das *Rotkehlchen* ist ein einheimischer, zutraulicher Singvogel mit angenehmer Stimme. Er hat gelbrote Stirn, Kehle und Brust, nistet in Wäldern und Gärten auf dem Boden oder in Baumstrünken und lebt von Insekten, Schnecken, Würmern und Beeren.

Der *Sperling,* gewöhnlich Spatz genannt, ist ein kleiner, unansehnlicher, beherzter Finkenvogel mit kegelförmigem Schnabel, der in etwa 60 verschiedenen Arten vorkommt. Er frißt vorwiegend Körner, füttert aber die Jungen mit Insekten. Sein kunstloses Nest baut er in Baumhöhlen oder Mauerlöchern.

Der *Star,* graubraun bis schwarz gefärbt und bunt schillernd, mit langem gelbem Schnabel, frißt Insekten und Beeren, fällt aber auch im Herbst in Scharen in Obst- und Weingärten ein. Die Stare aus Nordeuropa überwintern in England, sonst in Nordafrika. Als Käfigvogel wird er zahm und lernt leicht Stimmen nachzuahmen.

Der *Stieglitz* (Distelfink) ist ein Finkenvogel mit auffällig schwarz-gelben Flügeln und schwarz-weiß-rotem Kopf. Er klettert geschickt und frißt Insekten und Samen, wie etwa im Herbst und Winter die Samen von Disteln.

Der *Teichrohrsänger,* ein bräunlicher, auffallend schlanker Vogel, gehört wie alle Rohrsänger zu den Grasmückenvögeln. Er lebt an Bächen und Flüssen und flicht sich im Schilf und Ufergras ein äußerst kunstvolles Nest. Der *Zaunkönig* ist ein kleiner, lebhafter Singvogel mit kurzem, nach oben gerichtetem Schwanz. Er singt das ganze Jahr über, baut für die Eier ein großes, kugeliges Nest und zum Übernachten weitere Spielnester.

Die Sonne (S. 112/113) ist der Mittelpunkt des Sonnensystems: 9 vergleichsweise winzige Planeten, darunter die Erde, umkreisen sie. Wärme, Licht und alle Energie, über die wir auf der Erde verfügen, stammen von ihr. Für die moderne Astronomie ist die Sonne ein Fixstern von durchschnittlicher Größe und durchschnittlichem Alter (mehr als 5 Milliarden Jahre), ein glühender Gasball von 1 393 000 km Durchmesser, 109mal so groß wie der Erddurchmesser. Es herrscht in ihr eine unvorstellbar große Hitze. Obwohl sie 150 Millionen Kilometer von uns entfernt ist, können ihre Strahlen beim Sonnenbrand unsere Haut verbrennen. Das macht deutlich, welche Energie von der Sonne abgestrahlt wird. An ihrer Oberfläche herrscht eine Temperatur von 6000° C, nach innen nimmt die Hitze immer mehr zu. In mittleren Schichten sind es 1 Million Grad, während im Innersten der Sonne Temperaturen von 20 Millionen Grad angenommen werden. In 220 Millionen Jahren bewegt sie sich einmal um den Kern des Milchstraßensystems, in 25 Tagen bewegt sie sich einmal um die eigene Achse. Eine vollständige (totale) oder teilweise (partielle) Sonnenfinsternis tritt für einen Beobachter von der Erde aus dann auf, wenn sich der Mond im Verlauf seiner Kreisbahn dazwischenschiebt. Daß das Leben auf der Erde von der Sonne abhängt, hatte man in alten Zeiten wohl erkannt, daher wurden Sonnengottheiten bei vielen Völkern heiliggehalten.

1 Ringförmige Sonnenfinsternis. Der Mond tritt zwischen Sonne und Erde und wirft einen Kernschatten auf die Erdoberfläche. 2 In den Sonnendurchmesser passen 109 Erdkugeln. 3, 4 Bis ins Mittelalter glaubte man, daß sich die Sonne um die Erde dreht. Kopernikus erkannte den Irrtum. 5 In der Sonnenkugel würden 1 300 000 Erdkugeln Platz finden.

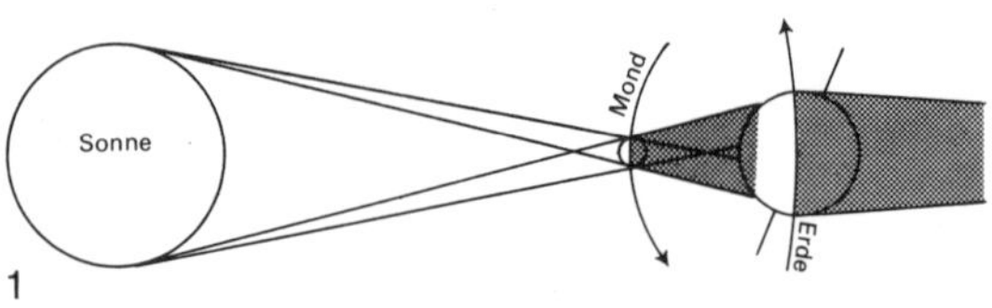

1

2

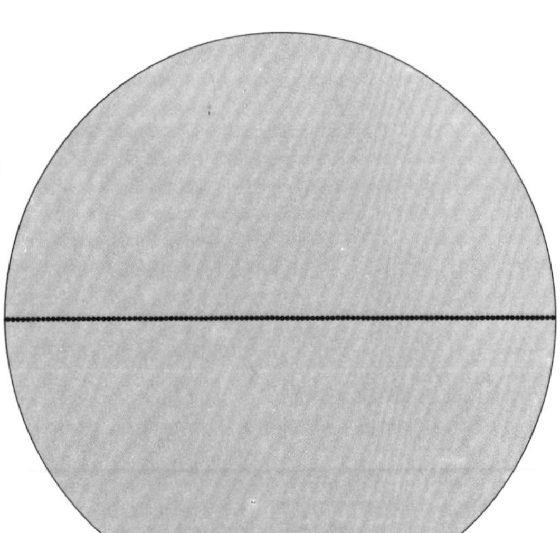

3

4

5

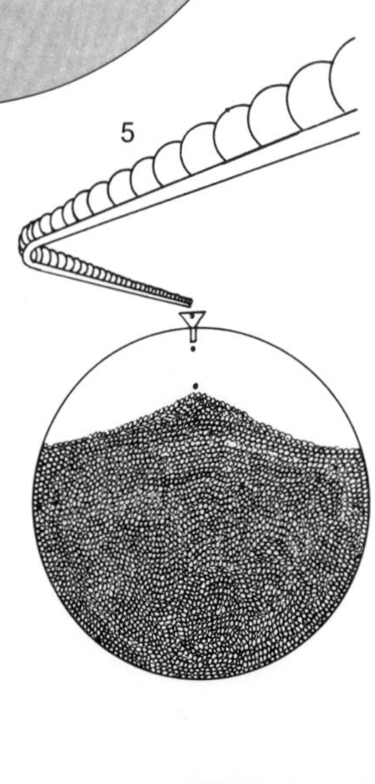

Sport im weitesten Sinn sind alle körperlichen Betätigungen, enger umschrieben sind es Leistungen in Verbindung mit Wettkämpfen, doch kann Sport auch einfach nur zur eigenen Freude betrieben werden. Sport dient der Entspannung und der Gesundheit. Einige Sportarten nennt man Grundsportarten: Leichtathletik (Gehen, Laufen, Springen, Werfen, Stoßen), Turnen oder Schwimmen. Zum Ballsport gehören Fußball und Handball, aber auch Tennis oder Rugby. Boxen, Fechten, Judo oder Ringen werden als Kampfsport bezeichnet; solcher Zweikampfsport unterscheidet sich vom Mannschaftssport, bei dem es auf Kameradschaft und Gemeinschaftsgeist ankommt. Wer Sport aus reiner Liebhaberei betreibt, ist ein Amateur; im Unterschied zum *Profi*, der den Sport als Beruf betreibt und – wie einzelne Fußballer, Tennisspieler oder Rennfahrer – sehr viel Geld damit verdient. Das größte Sportfest, das Athleten aus aller Welt zu Wettkämpfen zusammenführt, sind die Olympischen Spiele. Die Sommerspiele 1980 werden in Moskau ausgetragen, 1984 in Los Angeles.

Die Stadt (S. 10/11, 16/17) ist eine größere geschlossene Siedlung, die mit allen notwendigen Einrichtungen zur Versorgung Arbeit und Lebensraum für ihre Bewohner bietet. Bereits in den frühen Staaten der Ägypter, Babylonier, Chinesen und vieler anderer gab es große Städte. Nach Mitteleuropa brachten die Römer die Kunst des Städtebaus. Die Stadt Rom selbst hatte zur Zeit von Christi Geburt rund 400 000 Einwohner, hundert Jahre später bereits 1,2 Millionen. Im Mittelalter schützten sich die Städte durch Mauern und befestigte und bewachte Tore. Im 19. Jahrhundert wuchsen die Städte überall in der Welt durch Handel und Industrie sprunghaft an; das hat sich bis heute nicht mehr geändert. Es wird aber immer schwieriger, die vielen Bedürfnisse der Menschen gut zu bedienen. Dabei geht es nicht nur um Lebensmittel, sondern um Wohnungen, Straßen, Spielplätze, Abfälle, Arbeitsplätze, Energieversorgung und vieles andere. Die größte Stadt ist Tokio. Weitere Millionenstädte zeigt die Tabelle (einschließlich Vororte und Umlandgemeinden).

Stadt	Einw. in Mill.	Stadt	Einw. in Mill.
Tokio	12,000	Kanton	3,000
Schanghai	10,820	Rangun	3,000
Mexico City	10,223	Schenjang	3,000
Paris	10,022	Washington	2,999
New York	9,994	Rom	2,842
Buenos Aires	8,775	Bogota	2,818
Peking	7,570	Osaka	2,811
Moskau	7,528	Birmingham	2,780
London	7,168	Montreal	2,761
Chicago	7,085	Sydney	2,725
Kairo	7,070	Manchester	2,718
Kalkutta	7,031	Toronto	2,672
Los Angeles	7,000	Nassau-Suffolk	2,597
Seoul	6,076	Jokohama	2,551
São Paulo	5,979	Athen	2,540
Bombay	5,971	Caracas	2,535
Philadelphia	4,878	Dallas	2,446
Djakarta	4,576	St. Louis	2,400
Detroit	4,489	Pittsburgh	2,396
Rio de Janeiro	4,383	Melbourne	2,394
Tientsin	4,280	Havanna	2,346
Leningrad	4,243	Wuhan	2,230
Hongkong	4,219	Singapur	2,219
Teheran	3,858	Lahore	2,148
Santiago de Chile	3,700	Baltimore	2,125
Bangkok	3,660	Houston	2,124
Delhi	3,647	Tschungking	2,121
Lüta	3,600	Nagoja	2,083
Karachi	3,469	Leeds	2,082
Boston	3,417	Newark	2,082
Madrid	3,302	Cleveland	2,046
Madras	3,170	Berlin (West)	2,033
Lima	3,158	Budapest	2,033
Istanbul	3,135	Alexandrien	2,032
San Francisco	3,132	Harbin	2,000

Strauß (S. 162/163) Der Strauß ist der größte lebende Vogel mit kleinem Kopf, langem nacktem Hals und hohen, zweizehigen Beinen; der afrikanische Strauß wird fast 3 m hoch. Alle Straußenvögel (Strauß, Nandu, Emu, Kasuar) können nicht mehr fliegen, sondern nur noch laufen, das allerdings sehr schnell. Sie sind Pflanzen- und Insektenfresser und leben in den Wüsten und Steppen von Afrika, Arabien, Südamerika und Australien. Wegen der als Schmuck begehrten Schwanzfedern wird der Strauß auch in Farmen gezüchtet.

Südfrüchte (S. 94/95) heißt die Sammelbezeichnung für jenes Obst, das vor allem aus dem Mittelmeergebiet, aber auch aus Afrika, Mittelamerika und anderen tropischen Ländern zu uns gebracht wird.

Die *Ananas*. Sie stammt aus Südamerika und wird heute insbesondere auf Hawaii das ganze Jahr über geerntet. In der Mitte eines Kranzes von langen, spitzen Blättern entspringt ein 30 cm langer Blütenstand, aus dem sich die süße, ovale, manchmal 3,5 kg schwere Frucht entwickelt.

Die *Orange* (Apfelsine). Sie ist die goldgelbe Frucht des 6–12 m hohen Apfelsinenbaums mit ledrigen Blättern und weißen Blüten. Apfelsinen gehören zu den uralten Citrus-Früchten, deren Stammländer vermutlich China und Südostasien sind. Europa bezieht seine Orangen vor allem aus Italien, Spanien und Israel.

Die *Melone*. Sie ist eine große, sehr saftige, süß-herbe, runde bis ovale Frucht (Beere), die einige Pfund schwer werden kann. Sie wächst wie der Kürbis an rankenden, einjährigen Pflanzen und stammt aus tropischen Gegenden Afrikas und Südasiens.

Die *Banane*. Das ist eine gelbe, wie die Gurke leicht gebogene Frucht und wächst an der Bananenstaude, die etwa 10 m hoch wird und riesige Blätter hat. An einer solchen Staude können sich bis zu 150 Früchte in großen Trauben entwickeln. Die Pflanze gedeiht nur in feuchtheißen Gebieten wie Westindien, Mittel- und Südamerika, Kanarische Inseln. Bei uns kennt man Bananen erst seit Anfang dieses Jahrhunderts.

Die *Grapefruit*. Sie ist eine kleinere Art der Pampelmuse und gehört wie die Apfelsine zu den Citrus-Früchten. Eine einzige Frucht kann 500 g schwer werden. Sie schmeckt süßsauer und ist zum Entsaften beliebt. Vor allem in Westindien und im Südteil der Vereinigten Staaten wird die Grapefruit angepflanzt.

Die *Zitrone*. Sie reift am Zitronenbaum oder -strauch, der das ganze Jahr über in allen heißen Ländern blüht. Die saftigen, sauren, gesunden, meist gelben Beerenfrüchte verwendet man als Gewürz zum Kochen, für Salate und vor allem für die Herstellung von Säften.

Die *Dattel* ist die pflaumengroße, beerenartige Frucht der Dattelpalme. Sie ist eine uralte Kulturpflanze, die längs der Wüsten quer durch Afrika bis nach Indien anzutreffen ist. Ihre Wurzeln dringen tief in den Boden ein, aus dem dicken Säulenstamm wächst der üppige Schopf gefiederter Blätter. Der Baum trägt, wenn er 7 Jahre alt ist, zum erstenmal Früchte, von einer 20jährigen Dattelpalme kann man jährlich 300 kg Datteln ernten. Die Bäume können 100 Jahre alt werden.

Die *Feige*. Sie ist der Fruchtstand des Feigenbaums, eines Maulbeergewächses, das rings um das Mittelmeer gedeiht. Der Fruchtstand entwickelt sich aus einem etwas in die Blütenachse hineinversenkten Blütenstand, nachdem eine kleine Gallwespe Blütenstaub von einer ungenießbaren Wildfeige (Ziegenfeige) auf die Kulturpflanze gebracht hat.

Tauben (S. 141) sind kleine bis mittelgroße Vögel mit kleinem Kopf, breitem Schwanz und meist kurzen Läufen. Die Flügel sind lang und spitz; fast alle Tauben können sehr gut fliegen. Sie leben auf Bäumen oder – seltener – auf Felsen und nähren sich von Früchten oder Samen. Diese werden im Kropf aufgeweicht, im Drüsenmagen aufgespeichert und mit Sandkörnern im Muskelmagen zerrieben. Tauben brüten mehrmals im Jahr, nach etwa 18 Tagen schlüpfen die gelbflaumigen Nesthocker aus, die nach 5–6 Wochen flügge und nach 4 Monaten ausgewachsen sind. Tauben mit besonders ausgeprägtem Sinn für Himmelsrichtungen und Orte finden aus weitester Ferne in ihre Heimat zurück. Sie werden als *Brieftauben* gezüchtet. Mit der am Fuß befestigten Nachricht erreichen sie eine Schnelligkeit von 50 bis 100 km in der Stunde. Brieftaubenpost gab es schon im Altertum, heute ist die Zucht dieser Vögel eine Liebhaberei.

Die *Felsentaube*, bläulich gefärbt, auf den Flügeln schwarz gestreift, haust in Felsennestern sowohl in Mitteleuropa, aber auch in den Klippen an der schottischen Küste und im Himalaya.

Die *Ringeltaube*, mohnblau bis lichtblau, ist ein echter Baumvogel, dabei flink, flüchtig und scheu. Sie ist mit 43 cm Länge die größte Wildtaube Mitteleuropas.

Die *Kropftaube*, auch Kröpfer genannt, ist eine schlanke Haustaube, die den Kropf kugelig aufzublasen vermag; die *Pfautaube* mit auseinandergefächerten Schwanzfedern und der gedrungen-kräftige, an den Läufen gefiederte *Tümmler* sind Spielarten der Haustaube.

Tee (S. 82) heißt das Getränk, das aus den vergorenen und anschließend getrockneten jungen Blättern des Teestrauchs hergestellt wird. Wildwachsend ist der Teestrauch ein Baum von 20 m Höhe, zum leichteren Abernten läßt man ihn aber nur 1,50 m groß werden. Seine ursprüngliche Heimat ist Hinterindien, heute wird er hauptsächlich in China, Japan, Indien, Ceylon und Brasilien angebaut. Die Blätter sind immergrün, die Blüten weiß oder schwach rosarot, duftend und den Kirschblüten ähnlich. Geerntet werden Blätter und Blattknospen noch nicht blühender Stauden; eine Pflückerin pflückt täglich etwa 35 kg grüne Blätter, es gibt aber auch schon Pflückmaschinen. Die besten Sorten stammen von den Blättern an den Zweigspitzen. Man läßt die gepflückten Blätter welken und gären, anschließend werden sie getrocknet und gesiebt. So entsteht der schwarze Tee. Der anregende Bestandteil des Tees ist wie beim Kaffee Koffein. In Europa kennt man das Getränk seit dem 17. Jahrhundert. Tee nennt man auch den Aufguß aus bestimmten Heilkräutern.

Teich (S. 174/175) Der Teich ist ein kleiner See mit stehendem Wasser und ein anschauliches Beispiel dafür, wie überall auf der Erde Pflanzen und Tiere in einer Lebensgemeinschaft aufeinander abgestimmt und angewiesen sind; dieses Gleichgewicht wird allerdings von den Menschen oft zerstört. Hier am Teich sieht man den gemeinsamen Lebensraum von fliegenden und schwimmenden Insekten; Lurche, Muscheln und Schnecken im Wasser; dazu verschiedene Wasserpflanzen.

Die *Eintagsfliege*. Sie gehört zu den Geradflüglern (vgl. S. 136). Als erwachsenes Fluginsekt hat sie keinen Darm und keine Mundwerkzeuge, so daß sie sich nicht ernähren kann. Nach der Eiablage hat sie nur wenige Stunden zu leben. Die Larven der Eintagsfliege verbergen sich 2–3 Jahre lang im Wasser unter Steinen und sind für die Fische eine wichtige Nahrung.

Die *Köcherfliege*. Sie ähnelt den Motten, ihre Flügel sind aber behaart oder beschuppt. Die Larven leben im Wasser. Sie umkleiden ihren Körper mit einem Köcher aus Steinchen, kleinen Schneckenschalen oder Pflanzenteilen. In diesem Schutzkleid kriechen die Larven unter Wasser über den Grund, und darin verpuppen sie sich.

Die *Libelle*. Libellen gehören einer Ordnung der Insekten an, die etwa 4500 Arten umfaßt. Sie sind meist 2 bis 10 cm groß, haben einen langen, metallisch glänzenden Hinterleib und vier große Flügel, die glashell und netzartig geädert sind. Jedes der beiden Flügelpaare kann unabhängig von dem andern schlagen: dann bleibt die Libelle in der Luft „stehen". An Teichen, Wassergräben und Bächen jagen sie schnellfliegend andere Insekten. Die flügellosen Larven leben im Wasser und sind gefräßige Räuber. Hierzu gehören die Schönjungfer, die Schlankjungfer, die Teufelsnadel, die Plattbauchlibelle mit gedrungenem Hinterleib, die Königslibelle und viele andere.

Die *Wanzen*. Das sind Insekten mit plattgedrücktem, eckigem Körper und gutausgebildeten Mundwerkzeugen zum Stechen und Saugen; von daher kommt der andere Name: Schnabelkerfe. Die halb hornigen Vorderflügel sind oft bunt gefärbt. Es gibt die Landwanzen, die Pflanzensäfte saugen; die Wasserwanzen, die andere Insekten erlegen; die Bettwanzen, die widerlich riechen und nachts über schlafende Menschen herfallen. Es gibt auf der Erde rund 3500 Arten von Wanzen. Zu den Wasserwanzen gehören: die 1,3 cm lange, grünlich-braune Schwimmwanze, deren Mittel- und Hinterbeine zum Schwimmen eingerichtet sind und deren Stich empfindlich schmerzt; der Wasserläufer, der an der Oberfläche von ruhigen Gewässern blitzschnell hin und her huscht und in der Regel keine Flügel hat; der Wasserskorpion, der stehendes Gewässer liebt und am Hinterleibsende eine lange Atemröhre hat; der Rückenschwimmer, auch Wasserbiene genannt, ein lebhafter Räuber, der über einen giftlosen Stechrüssel verfügt und mit der dunkleren Bauchseite nach oben schwimmt.

Die *Wasserspinne.* Sie lebt unter Wasser und baut hier zwischen den Pflanzen ein glockenförmiges Nest, in welchem sie Luft speichert. Von diesem Nest gehen Warnfäden aus, und diese melden nahende Beute. Der Körper der Spinne selbst ist von einer silberglänzenden Luftschicht umgeben, die sie von Zeit zu Zeit an der Wasseroberfläche erneuert.

Der *Kolbenwasserkäfer.* Er ist recht groß (5 cm), schwarz und lebt in Teichen vorwiegend von verendeten Tieren und von Wasserpflanzen. Die noch etwas größeren Larven fressen Kleintiere, besonders Schnecken. In Deutschland ist der Käfer selten geworden und steht deshalb unter Naturschutz.

Der *Frosch.* Er hat eine glatte, zähschleimige Haut, lange Sprungbeine und zwischen den Zehen Schwimmhäute. Das Männchen des Wasserfroschs verfügt über zwei große Schallblasen und kann damit in den Sommernächten sehr laut quaken. Die Froscheier heißen Laich, den die Weibchen im Wasser ablegen. Daraus entstehen die Larven, die ausgeschlüpft Kaulquappen heißen. An diesen entwickeln sich erst nach und nach Kiemen, Ruderschwanz, Hinterbeine, Vorderbeine und Lunge. Schließlich schrumpft der Schwanz ein: aus der Kaulquappe ist ein Frosch geworden. Der größte Frosch ist der Ochsenfrosch in Nordamerika, der 25 cm groß werden und wie ein Ochse brüllen kann.

Der *Molch* gehört ebenso wie der Frosch zur Klasse der Lurche. Molche haben einen eidechsenartigen Körper, zweizehige Vorderfüße, fünfzehige Hinterfüße und einen langen Schwanz. Der *Teichmolch* ist gelbbraun und den Salamandern nah verwandt.

Wasserpflanzen. Es gibt viele Gewächse, die sich dem Leben am Wasser und im Wasser angepaßt haben. Hierzu gehören ganz untergetauchte wie auch schwimmende Wasserpflanzen, und es gibt außerdem Pflanzen, die teils im Wasser, teils am Lande wachsen. Alle haben sie dünne und zarte Organe und große Blätter, um Gase und Salze aufzunehmen.

Das *Laichkraut* ist eine schmutziggrüne, untergetauchte Süßwasserpflanze, die man auf der ganzen Erde findet. Einige Arten haben auch Blätter, die an der Wasseroberfläche schwimmen, und darüber erheben sich die Blütenähren. In ruhigen Seebuchten bildet das Laichkraut fast undurchdringliche Unterwasserdickichte: hier legen die Fische gern ihre Eier ab, den Laich.

Die *Seerose* ist eine Wasserpflanze mit großen Schwimmblättern und Blüten, die über das Wasser hinausragen.

Die *Teichrose* mit den dottergelben Blüten gehört zu den ältesten Pflanzen auf der Erde.

Das *rauhe Hornblatt* ist eine steife Wasserpflanze mit geschlitzten Blättern. Sie hat keine Wurzeln und treibt, reich verzweigt und verästelt, in einer Ausdehnung von etwa 2 m in stillen Gewässern unter Wasser. Die Pflanze ist auch für Aquarien beliebt.

Die *Wasserpest* ist eine dunkelgrüne Pflanze mit oft stark verzweigten Stengeln, die erst in der Mitte des letzten Jahrhunderts von Amerika aus nach Europa kam. Sie vermehrte sich ungeheuer und wurde dadurch sehr lästig. Sie wird als Dung und als Viehfutter verwendet und eignet sich auch als Unterwasserpflanze für Aquarien.

Das *Schilf,* auch Teichrohr genannt, ist ein Gras, dessen Halme 8 m hoch werden können und das am liebsten zur Hälfte im Wasser oder im Sumpf steht. Junge, grüne Triebe können als Viehfutter verwendet werden, die ausgewachsenen, hohlen Stengel des Röhrichts dienen als Baumaterial oder werden zu Matten, Rohrstühlen oder ähnlichem verarbeitet.

Tukan (Einbandbild oben) heißt ein großer Spechtvogel aus Südamerika; er wird auch Pfefferfresser genannt. Sein grellfarbiger Schnabel ist groß, aber leicht. Er brütet in Baumhöhlen und lebt von Früchten und kleinen Vögeln. Sein Fleisch schmeckt gut, die bunten Federn sind als Schmuck gesucht.

Der *Specht* unserer Heimat ist ein Klettervogel mit zwei Zehen nach vorn, zwei Zehen nach hinten, dazu einem Stützschwanz. Er ist ein nützlicher Insektenvertilger. Mit seinem langen, festen Schnabel sucht er klopfend und lauschend die Baumrinden nach Käfern ab. Seine Beute fängt er, indem er die lange, klebrige, mit Widerhaken versehene Zunge wie eine Leimrute hervorschnellen läßt. Mit dem spitzen Schnabel meißelt er sich Baumhöhlen als Nester. Es gibt etwa 350 verschiedene Arten von Spechten, die man vor allem nach den Farben unterscheidet. Am bekanntesten ist bei uns der Buntspecht.

Die Tundra (S. 156/157) Die Tier- und Pflanzenwelt der Erde unterscheidet sich in den verschiedenen Gebieten erheblich voneinander. Die nördlichen Landgebiete, die an das Eismeer angrenzen, nennt man Tundra. Hier ist es das ganze Jahr über so kalt, daß der Boden auch im Sommer nur oberflächlich auftaut; dann kommen einige Pflanzen zum Vorschein: Gräser, Zwergsträucher, Flechten und Moose. Am Südrand der Tundragebiete wachsen verkrüppelte Zwergbäume und Sträucher, wie Weiden, Birken, Wacholder. Von den Tieren können nur jene hier leben, die sich ganz auf die karge Natur eingestellt haben: Rentiere oder kleine Nagetiere wie die Lemminge, dazu Raubtiere wie Eisfuchs und Eisbär. Im kurzen arktischen Sommer nisten hier zahlreiche Vogelarten. Eine vergleichbare Pflanzengesellschaft finden wir im Gebirge knapp unterhalb der Schneegrenze. Tundragebiete erstrecken sich im Norden Kanadas sowie in der Sowjetunion in Nordsibirien. Hier liegen noch große Bodenschätze unter der Erde, die man unter schwierigsten Bedingungen – im Winter kann die Temperatur auf 50° C unter Null sinken! – künftig heben und ausnützen will.

Wal (S. 182/183) Die Wale (die Bezeichnung Walfisch ist falsch) sind gewaltige Säugetiere mit einem spindelförmigen Körper, kleinen Augen und unbehaarter Haut. Die Ohrmuscheln fehlen, ebenso die Hinterfüße, die Vorderfüße haben sich zu Flossen umgewandelt. Am Schwanzende sitzt eine riesige Flosse, stark wie eine Schiffsschraube. Die Knochen sind leicht und von Tran durchtränkt. Unter der Haut befindet sich als Wärmepolster eine dicke Fettschicht. Wale atmen durch die Lunge und blasen die Luft laut und als hohe Fontäne (bis zu 8 m) aus. Manche Arten können mit dem Luftvorrat eine Stunde lang und bis zu einer Tiefe von 1300 m unter Wasser bleiben. Wale leben gern in Gesellschaft. Es gibt davon 77 Arten.

Der *Blauwal,* das riesigste Tier, das je auf der Erde lebte, ist scheu, über 30 m lang und bis zu 150 t schwer; das sind 150 000 kg und würde dem Gewicht von 30 Elefanten entsprechen. Er gehört zu den Bartenwalen, die statt Zähnen in ihrem Gaumen bis zu 4 m lange, hornige, am Rand ausgefranste Platten haben, die Barten. Darin filtern sie aus dem Wasser ihre Nahrung: Planktontierchen (Lebewesen, die dem bloßen Auge fast unsichtbar sind und von denen sie mit einem einzigen Schluck Millionen vertilgen), Nacktschnecken, winzige Krebse. Den Blauwal gibt es vor allem im nördlichen und südlichen Eismeer.

Der *Pottwal* gehört zu den Zahnwalen, von denen einzelne Arten 250 Zähne haben können. Sein gewaltiger, unvermittelt abgeplatteter Kopf mit dem scharfen Gebiß nimmt etwa ein Drittel der ganzen Körperlänge (25 m) ein. Der Pottwal kommt im freien Ozean, aber nicht im Eismeer vor. Er stößt eine schräge Blaswolke aus und lebt von Fischen, Tintenfischen und anderen Wassertieren.

Der *Narwal,* auch See-Einhorn genannt, wird etwa 5 m lang, ist braungelb gefärbt und lebt, am liebsten mit Artgenossen zusammengeschart, in den nördlichen Meeren. Das Männchen hat ursprünglich zwei hohle, mehr als 2 m lange Stoßzähne; davon ist aber in der Regel einer verkümmert oder ausgefallen. Man hat noch nicht herausgefunden, welche Aufgabe diese Zähne haben.

Der *Delphin,* ebenfalls ein Zahnwal, ist ein überaus gewandter Schwimmer, an der Oberseite grünlichbraun/grünlichschwarz, schillernd, unten blendend weiß. Er wird etwa 2–3 m lang, hat eine schnabelartige Schnauze und eine große, dreieckige Rückenfinne. Der eigentliche Delphin – es gibt viele verwandte Arten – ist leicht zu zähmen und sehr gelehrig. Auf der Jagd nach Sardellen, Heringen und fliegenden Fischen durchstreift er in Gruppen alle Meere der nördlichen Erdhälfte außer dem Polarmeer und begleitet gern Schiffe.

Der *Schwertwal*, auch Butzkopf genannt, gehört zu den Delphinen und wird 5–6 m lang. Er ist ein gewandter und kühner Räuber und greift Delphine, Robben und in Scharen sogar den 25 m langen Grönlandwal an.

Wald (S. 160/161) Für viele Menschen ist der Wald unheimlich. Dieses Gefühl ist vielleicht Tausende von Jahren alt. Für die Menschen in alten Zeiten war der Wald zum Leben notwendig, dort gab es Tiere und Pflanzen für das Essen und Holz zum Bauen und Feuermachen. Aber der Wald war auch gefährlich; wilde Tiere lauerten dort, man konnte den Weg verlieren und sich verirren. Der Wald regte auch die Phantasie an; daher wohnten in den alten Märchen und Sagen im Wald die Räuber, die sprechenden Tiere, Zwerge, Hexen und Riesen.

Der tropische Regenwald wächst in jenen Weltgegenden, wo das Wetter ziemlich gleichmäßig, sehr warm und regenreich ist. Dieser Urwald ist immergrün.

Im Gegensatz dazu leben wir in der „gemäßigten Zone". Die meisten unserer Bäume, die Laubbäume, werfen im Winter ihre Blätter ab. Unsere Waldgebiete heißen daher „sommergrüner Laubwald". Hier finden wir sehr große und sehr alte Bäume. Unsere 10 größten Bäume sind: Fichte 60 m, Lärche 54 m, Tanne 50 m, Kiefer 48 m, Eiche 40 m, Pappel 35 m, Linde 33 m, Rotbuche 30 m, Ulme 30 m, Birke 28 m. Unsere 10 ältesten Bäume sind: Eibe 3000 Jahre, Edelkastanie 2000 Jahre, Fichte 1200 Jahre, Linde 1000 Jahre, Zirbelkiefer 700 Jahre, Eiche 700 Jahre, Lärche 600 Jahre, Waldkiefer 300 Jahre, Rotbuche 300 Jahre, Esche 300 Jahre.

In der natürlichen Lebensgemeinschaft des Waldes sind alle, von den Pilzen im Boden über die Moose, Gräser und Blumen am Boden bis zu den Wipfeln der Bäume, aufeinander angewiesen. Für die Menschen ist Wald nicht nur der Ort, wo das Holz wächst. Der Wald regelt das Klima, speichert Wasser und sorgt dafür, daß Regen den Boden nicht davonschwemmt. Immer mehr wird auch erkannt, daß der Wald zum Wandern im Sommer und für den Wintersport als Erholungslandschaft wichtig ist.

Wanderungen (S. 192) Vielen Tieren ist die Wanderlust angeboren: sie bewegen sich zwischen dem Winterquartier und dem Sommerplatz, wo sie sich fortpflanzen und die Jungen aufziehen. Beim Vogelzug ist das besonders eindrucksvoll. Zugvögel verlassen ihr Sommerquartier nicht nur deshalb, weil sie dort im Winter keine Nahrung finden. Der Zeitpunkt des Abflugs wird durch eine Art von innerer Uhr festgelegt. Sie antwortet auf äußere Umstände, wie das Abnehmen der Tageslänge oder die Änderung der Sonnenstrahlung. Dann sammeln sich die Vögel zu riesigen Schwärmen, um stets auf der gleichen „Flugstraße" das Wintergebiet zu erreichen. Wahrscheinlich richten sie sich dabei nach dem Stand der Sonne und der Sterne, aber es muß noch andere Hilfsmittel geben, die bis jetzt noch nicht erforscht sind. Auch manche Säugetiere wandern regelmäßig zwischen Sommer- und Wintergebiet hin und her. Das Karibu, das amerikanische Ren, zieht wegen der Nahrung gegen Ende des arktischen Sommers nach Süden, um dort den Winter über zu bleiben. Von den Eskimos werden die großen Herden begierig erwartet, denn ohne die Jagd auf diese Tiere müßten sie verhungern. Die Bärenrobben versammeln sich jedes Jahr auf den Pribylowinseln zwischen Asien und Amerika, um sich zu paaren und Junge zur Welt zu bringen. Sind diese groß genug, so ziehen sie mit den Müttern 3000 Meilen südwärts zum wärmeren Wasser vor der kalifornischen Küste. Wegen ihres kostbaren Pelzes werden sie – wie viele andere Wandertiere – erbarmungslos gejagt. Ein internationaler Vertrag soll sie nun vor der Ausrottung bewahren.

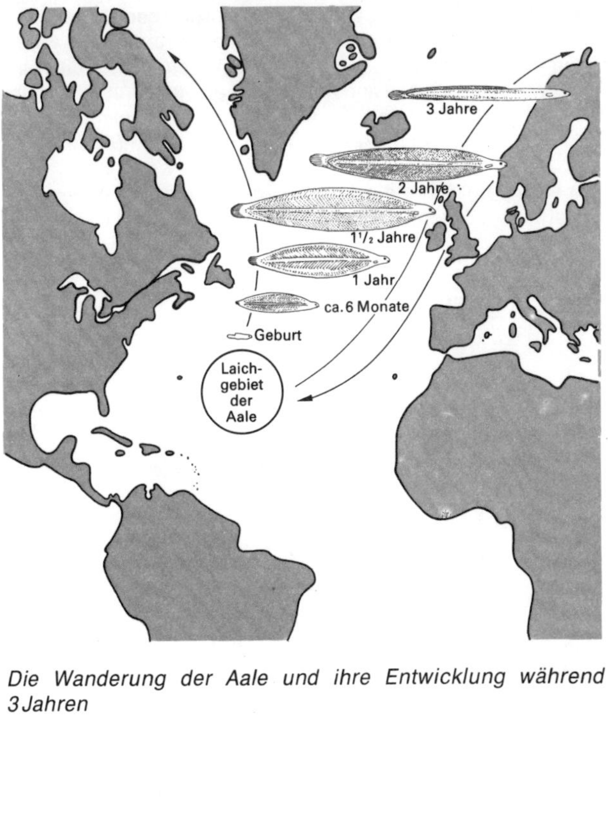

Die Wanderung der Aale und ihre Entwicklung während 3 Jahren

Bekannt als wandernder Fisch ist der Aal. Der erwachsene Fisch verläßt sein Wohngebiet in den amerikanischen und europäischen Flüssen, wenn er 5–10 Jahre alt ist, und wandert schnell schwimmend zu den Brutplätzen im Sargassomeer in der Nähe der Bermuda-Inseln. Hier werden die Eier abgelegt, danach sterben die erwachsenen Fische vermutlich. Aus den Eiern entstehen Larven, die in drei Jahren an der Meeresoberfläche zum Festland wandern. Sie ziehen flußaufwärts dorthin, woher die Eltern kamen. Ein ausgewachsenes Aalweibchen mißt dann 1,5 m und wiegt 6 kg. Den Winter über halten Aale im Schlamm der Flüsse ihren Winterschlaf.

Wasservögel (S. 168/169, 170/171) Unter diesem Sammelwort zeigen die beiden Bilder eine Anzahl verschiedener Vögel, deren Lebensgewohnheiten, Körperbau und Nahrungsquellen von Gewässern, von See, Fluß oder Meer, bestimmt wird. Ausgewählt sind folgende Tiere und Tierfamilien:

Enten sind Zahnschnäbler, also Schwimmvögel mit einem breiten, flach nach oben gewölbten Schnabel, der seitlich mit Hornzähnen besetzt ist. In Verbindung mit der an den Rändern ausgefransten Zunge können die Tiere ihre Nahrung so am Schnabelrand durchseihen. Die Zehen der kurzen Füße sind durch Schwimmhäute verbunden. Es gibt 145 Arten von Entenvögeln, zu denen die Schwimmenten, die Gänse und die Schwäne gehören.

Schwimmenten sind: die *Stockente* (Wildente) – die Stammform der Hausente –, am Kopf metallischgrün schillernd und vor allem in wasserreichen, mit Schilf und Rohr bestandenen Gegenden anzutreffen. Ferner die *Mandarinenente,* eine prächtige Schmuckente aus Ostasien, bei uns fast nur in Tiergehegen zu sehen, das Männchen (der Erpel) mit orangefarbenen, aufgestellten Flügelfedern, das Weibchen grau-weiß gefiedert.

Die *Gänse* wurden vor allem als Haustiere wegen ihres Fleisches in verschiedenen Arten gezüchtet. Männchen und Weibchen sind stets von gleicher Färbung. Die Stammform ist die *Graugans* (Wildgans). Mit dem verdickten Schnabel rupfen die Wildgänse vor allem an Land ihre Nahrung ab, zum Flug ordnen sie sich gewöhnlich in der Form eines oder vieler Keile, oder sie fliegen in einer Reihe unmittelbar hintereinander.

Der *Pelikan* (Löffelgans) ist ein Wasservogel der wärmeren Länder mit einem langen, unförmigen Schnabel und einem weiten Hautsack am Unterkiefer. Er ist ein guter Schwimmer und Flieger, auch ein großer Fischräuber. In China wurde er zum Fischfang abgerichtet.

Die *Schwäne* sind die größten Schwimmvögel. Sie leben immer paarweise zusammen, haben einen langen Hals, reiches Gefieder und einen starken Schnabel. Ihr Nest, mit Daunen (Federn) gepolstert, bauen sie an Seen und Sümpfen. Der einheimische *Höckerschwan* ist zahm und blendend weiß gefiedert; auf dem rosa Schnabel sitzt ein schwarzer Höcker. Der etwas kleinere, gedrungenere *Schwarze Schwan* (Trauerschwan) ist vor allem auf den Seen und Flüssen von Südaustralien anzutreffen.

Eine weitere große und vielfach aufgegliederte Gruppe von Wasservögeln bilden die *Stelzvögel,* zu denen die Storchvögel, Reihervögel, Rallen, Strandvögel und andere gerechnet werden. Lang sind bei Stelzvögeln Beine, Hälse und Schnäbel, sie

sind gute Flieger und gute Läufer, bewohnen Sümpfe und Gestade, aber auch Steppen und Wüsten. *Storchvögel* sind der Storch, der Marabu, der Schuhschnabel.
Der *Storch* (S. 192) ist ein großer (1,10 m hoch) Vogel mit langem, geradem Schnabel und kurzem Schwanz. In Europa, England ausgenommen, gibt es vor allem den Weißen Storch, nach dem Klappern seines Schnabels auch Klapperstorch genannt. Er nährt sich von Fröschen, Schlangen und Mäusen, sein Reisignest errichtet er auf Häusern, Schornsteinen und Kirchtürmen. Den Winter verbringt er in Afrika.
Der *Marabu* ist ein afrikanischer Kropfstorch mit gewaltigem Schnabel und einem schlauchartigen Kropf am Unterhals; er frißt Aas und ist in Indien als Straßenreiniger geschätzt.
Die *Reihervögel* sind wie die Störche Schreitvögel, die in wasserreichen Gegenden leben und Fische fressen. Zu ihnen gehören:
Der *Fischreiher.* Er kommt in Europa und Asien vor, hat am Hinterkopf und Unterhals längere Federn, frißt außer Fischen auch Frösche und Mäuse. Reiher nisten in größeren Gruppen (Kolonien) auf hohen Bäumen. Wenn der Reiher fliegt, legt er im Unterschied zum Storch den Hals im Bogen zurück.
Der *Flamingo.* Er lebt in Südfrankreich, aber auch an der Donaumündung, in Afrika und im südlichen Nordamerika. Seine Nahrung seiht er, den Enten ähnlich, mit dem Schnabel aus brackigen Gewässern heraus. Das Nest ist ein kegelförmiger Schlammhügel.
Der *Ibis.* Es gibt in den tropischen Ländern etwa 30 verschiedene Arten. Er ist ein mittelgroßer Vogel mit gekrümmtem, biegsamem Schnabel. Am bekanntesten ist der Äthiopische Ibis mit nacktem, schwarzem Hals und weißem Gefieder (Bild), der besonders von Heuschrecken lebt. Bei den Ägyptern galt er als heiliges Tier.
Der *Löffler* (Löffelreiher). Er ist dem Ibis eng verwandt; auffallend ist die löffelartig verbreiterte Schnabelspitze und die buschige Federhaube. Er brütet auf Bäumen und kommt in Asien, Afrika, aber auch in Holland und Südspanien vor.
Die *Rohrdommel* (Kuhreiher). Sie ist ein brauner, plumper Vogel in Mitteleuropa, lebt versteckt im Schilfdickicht und gleicht in Ruhestellung einem Pfahl. Das Nest steht auf umgeknickten Rohrstengeln, ihr brüllender Ruf erinnert an das Muhen einer Kuh.
Der *Schuhschnabel.* Er ist ein seltener, mattblauer Riesenreiher mit massigem Leib, dickem Hals, großem Kopf und einem wuchtigen Schnabel, der einem Holzschuh gleicht. Seine Heimat ist das Sumpfgebiet des Weißen Nils.
Rallenvögel sind Wasservögel in der Größe von Hühnern mit kurzen Flügeln und kurzem Schwanz, hohen Beinen und langen Zehen. Dazu gehört das *Bläßhuhn* mit weißem Stirnschild (Blesse) und Schnabel, das überall in Europa auf Seen und langsam fließenden Gewässern vorkommt; ferner der *Kronenkranich* mit kronenartigem Federbusch am Hinterkopf; er ist heute selten geworden und findet sich in norddeutschen Sumpf- und Naturschutzgebieten.
Sumpfvögel nennt man verschiedene Vögel, die sich dem Leben in sumpfigen Gebieten vorzüglich angepaßt haben, untereinander aber nicht unbedingt verwandt sind. Dazu gehören der *Kiebitz* mit der schwarzen Federhaube am Kopf, die er aufrichten kann. Junge Kiebitze sind leicht zu zähmen, die Eier gelten als wohlschmeckend. Ferner der *Regenpfeifer,* ein hochbeiniger Zugvogel mit rundem Kopf, weiß-grau-schwarz gefärbt, an allen europäischen Gewässern anzutreffen.
Der schwarz und weiß gezeichnete *Säbelschnäbler* ist ein ausgesprochener Strandvogel des Mittelmeergebietes mit hohen Beinen und einem flachen, säbelförmig nach oben gebogenen Schnabel.
Steißvögel nennt man Wasservögel, die gut tauchen und schwimmen und an Land aufrecht laufen, hingegen nur schlecht fliegen können. Hierzu gehört der *Prachttaucher* aus Nordeuropa, der im Mittelmeergebiet den Winter zubringt.
Die *Möwe* ist ein kräftiger, lebhafter, geselliger Wasservogel, ein ausgezeichneter Flieger, der auch gut schwimmen kann. Ihre Stimme ist kreischend. Möwen gibt es an der Meeresküste, auch an großen Flüssen und Seen. Der *Albatros* ist ein großer, überwiegend weiß gefiederter Sturmvogel auf den südlichen Weltmeeren mit Hakenschnabel, kurzem Schwanz und einer Flügelspannweite von etwa 3,50 m. Ein Albatros-Weibchen legt nur alle 2 Jahre ein Ei, die Zeit der Brut und der Fütterung des Jungvogels beträgt knapp 1 Jahr.
Wein (S. 84/85) ist vergorener Traubensaft. Er wird gewonnen aus den grünen, gelben, braunroten, blauvioletten oder blauen Beerenfrüchten des Weinstocks (Weinrebe), die im Herbst reif werden. Die Rebe, ein rankender Kletterstrauch, hat tiefe Wurzeln und wird in Deutschland, der Schweiz und Österreich an sonnigen Berghängen, in Frankreich, Italien und Spanien in der Ebene an Stöcken oder Drahtrahmen gezogen. Für den Weinbau ist im Vergleich zum Ackerbau ungefähr fünfmal mehr Arbeit auf gleicher Fläche nötig. Die Trauben werden frisch als Tafelobst, getrocknet als Rosinen und Korinthen verwendet.
Weltraumfahrt (S. 70/71, 72/73, 74/75) Die Weltraumfahrt (Astronautik) begann am 4. Oktober 1957, als es russischen Raketentechnikern gelang, erstmals einen Flugkörper (Sputnik I) in eine Kreisbahn rings um die Erde zu bringen. In 96 Minuten umkreiste er in einer Höhe von durchschnittlich 580 km die Erde, sein Gewicht betrug 83 kg. Die Vereinigten Staaten starteten den ersten künstlichen Satelliten Explorer I am 31. Januar 1958.
Die Entwicklung (erster Raketenflugplatz 1930 in Berlin-Reinickendorf) und Vervollkommnung der Raketentechnik machte es möglich, den Luftraum und den Bereich der Anziehung der Erde mit Flugkörpern zu verlassen. Die ersten Raketen waren dafür noch nicht stark und nicht groß genug; wenn sie ihre Gipfelhöhe erreicht hatten, fielen sie auf die Erde zurück und zerschellten. Deshalb ersann und erbaute man Mehrstufenraketen: die ganze Rakete ist dabei in zwei, drei und mehr Stufen (Teile) gegliedert. Eine mächtige Rakete trägt als erste Stufe alle andern Stufen in die Höhe; ist sie ausgebrannt, so wird sie abgestoßen und fällt zur Erde zurück. Der Motor der zweiten Stufe beginnt gleichzeitig zu arbeiten und erhöht die Geschwindigkeit weiter, wird dann ebenfalls getrennt, und so geht es von Stufe zu Stufe, bis die endgültige Geschwindigkeit erreicht und der Flugkörper in die vorausberechnete Bahn gebracht ist. Umkreist er die Erde, so nennt man ihn Satellit, ist sein Ziel der Mond oder ein anderer Planet, so bezeichnet man ihn als Raumsonde. In Höhen über 200 km ist die Lebensdauer eines Flugkörpers nahezu unbeschränkt, denn nichts hemmt seine gleichmäßige Bewegung. Es kommt nur darauf an, daß die an Bord befindlichen Geräte ohne Schaden arbeiten. Bisher wurden bereits der Mond, die Venus, Mars und Saturn direkt oder aus nächster Nähe von Raumsonden angesteuert oder untersucht. Auf Erdkreisbahnen wurden bemannte Flüge ausgeführt, und Raumfahrer stiegen aus der Kapsel und arbeiteten freischwebend im All. Das waren Vorstufen der eigentlichen Weltraumfahrt zu anderen Gestirnen. Am 20. Juli 1969 um 21.17 Uhr MEZ landeten die Amerikaner Neil Armstrong und Edwin Aldrin als erste Menschen auf dem Mond (Apollo-Projekt, S. 70).
Die Raumflugkörper dienen entweder ausschließlich wissenschaftlichen Zielen, wie der Erforschung der Erde, der Sonne,

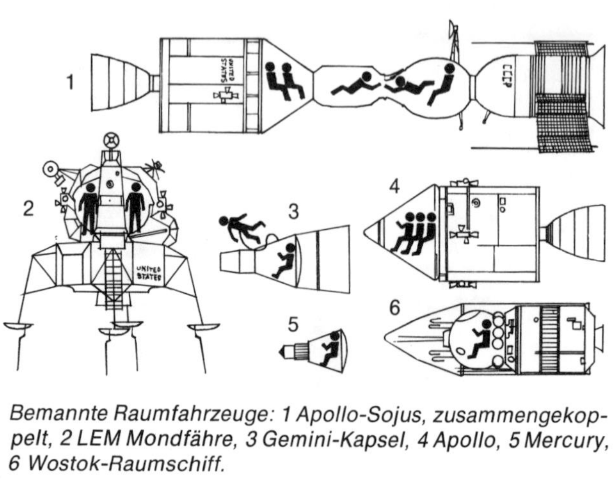

Bemannte Raumfahrzeuge: 1 Apollo-Sojus, zusammengekoppelt, 2 LEM Mondfähre, 3 Gemini-Kapsel, 4 Apollo, 5 Mercury, 6 Wostok-Raumschiff.

des Mondes und der Planeten; oder sie haben als Nachrichten- oder Wettersatelliten einen wirtschaftlichen Zweck; oder es sind ihnen zur Aufklärung, Überwachung des Luftraums und als Träger von Angriffswaffen militärische Aufgaben zugewiesen.

Die ersten unbemannten Raketenaufstiege:

16. 3. 1926	Start der ersten Rakete mit Flüssigkeitsantrieb bei Auburn im Staate Massachusetts. Erreichte Höhe ca. 14 m.
31. 5. 1935	Eine Verbesserung der obengenannten Rakete erreicht 2300 m.
24. 2. 1949	Start der ersten Zweistufenrakete mit Flüssigkeitsantrieb in White Sands. Erreichte Höhe 400 km.
22. 8. 1951	Eine V-2-Rakete erreicht 219 km Höhe.
24. 3. 1954	Die amerikanische Viking Nr. 11 erreicht 255 km.
Juli 1956	Die einstufige Aerobee-Hi erreicht die Rekordhöhe von 262 km.
23. 10. 1957	Vierstufige amerikanische Rakete mit Feststoffantrieb erreicht 6400 km Höhe.

Die ersten sechs Satellitenstarts:

4. 10. 1957	Start des ersten künstlichen Erdsatelliten „Sputnik 1" (UdSSR) mit einer dreistufigen Rakete.
3. 11. 1957	Start von „Sputnik 2" (UdSSR)
1. 2. 1958	Start von „Explorer 1" (USA)
17. 3. 1958	Start von „Vanguard 1" (USA)
26. 3. 1958	Start von „Explorer 3" (USA)
15. 5. 1958	Start von „Sputnik 3" (UdSSR)

Wiederkäuer nennt man jene Tiere, die ihre Nahrung zweimal kauen. Zuerst wird das Grünfutter nur grob gekaut und dann in den beiden Vormägen, dem Pansen und dem Netzmagen, weichgemacht und vergoren. Wenn sich das Tier nach dem Fressen ausruht, wird die Nahrung ins Maul zurückgestoßen, dort gründlich zermahlen und eingespeichelt und schließlich im Blättermagen und im Labmagen endgültig verdaut. Wiederkäuer sind alle Rinder, Schafe, Hirsche und Horntiere, Kamele und Giraffen.

Zirkus (S. 32/33) Ein Zirkus ist eine Welt für sich, in welcher die Zirkuskünstler (Artisten), Tierbändiger (Dompteure), Clowns und die zahlreichen Hilfskräfte zusammen mit den Tieren leben, arbeiten und von Ort zu Ort ziehen, um in dem Vorführraum (Zirkuszelt) ihre Künste vor den Zuschauern zu zeigen. Der Name Zirkus (Circus) stammt von den Römern. Damals war der Zirkus eine Rennbahn von etwa 600 m Länge und 100 m Breite, rings umgeben von treppenförmig ansteigenden Zuschauerreihen. Hier fanden besonders unter den römischen Kaisern die prächtig ausgestatteten Kampfspiele, Pferderennen und Tierkämpfe statt. Heute zeigen im Zirkus die Artisten ihre Kunststücke, die ungewöhnliche Körperbeherrschung, Kraft und Geschicklichkeit verlangen, und besonders abgerichtete Tiere werden vorgeführt. Dazwischen macht der Clown seine Späße. Die Vorführungen finden zu ebener Erde in der kreisrunden oder gestreckten Arena statt, während die Zuschauer rundum auf den emporsteigenden Bänken sitzen. Gewöhnlich führt der Zirkus außer den abgerichteten auch noch andere seltene Tiere mit sich, die in einer Tierschau gezeigt werden. Mit einer solchen Tierschau und Vorführungen zu Pferd gründete der englische Kunstreiter Bates 1767 den ersten modernen Zirkus in Paris.

Zoo oder Zoologischer Garten heißt ein Tierpark, in dem lebende einheimische, vor allem aber fremdländische Tiere gehalten werden. Sie leben dabei in Käfigen, kleineren Gehegen oder im freien Gelände, wo Wasser- und Trockengräben die Gitter ersetzen. Harmlose Tiere dürfen frei umherstreifen. Oft ist mit dem Zoo auch ein *Aquarium* verbunden. Die Besucher können so die Tiere besser kennenlernen, Forscher das Verhalten eingehend beobachten. Im Zoo werden bedrohte Tiere durch Schutz, Pflege und Nachzucht vor dem Aussterben bewahrt. Es gibt heute mehr als 500 Zoos in der ganzen Welt; ihre Zahl wird zunehmen, je weniger Tiere in freier Wildbahn leben können.

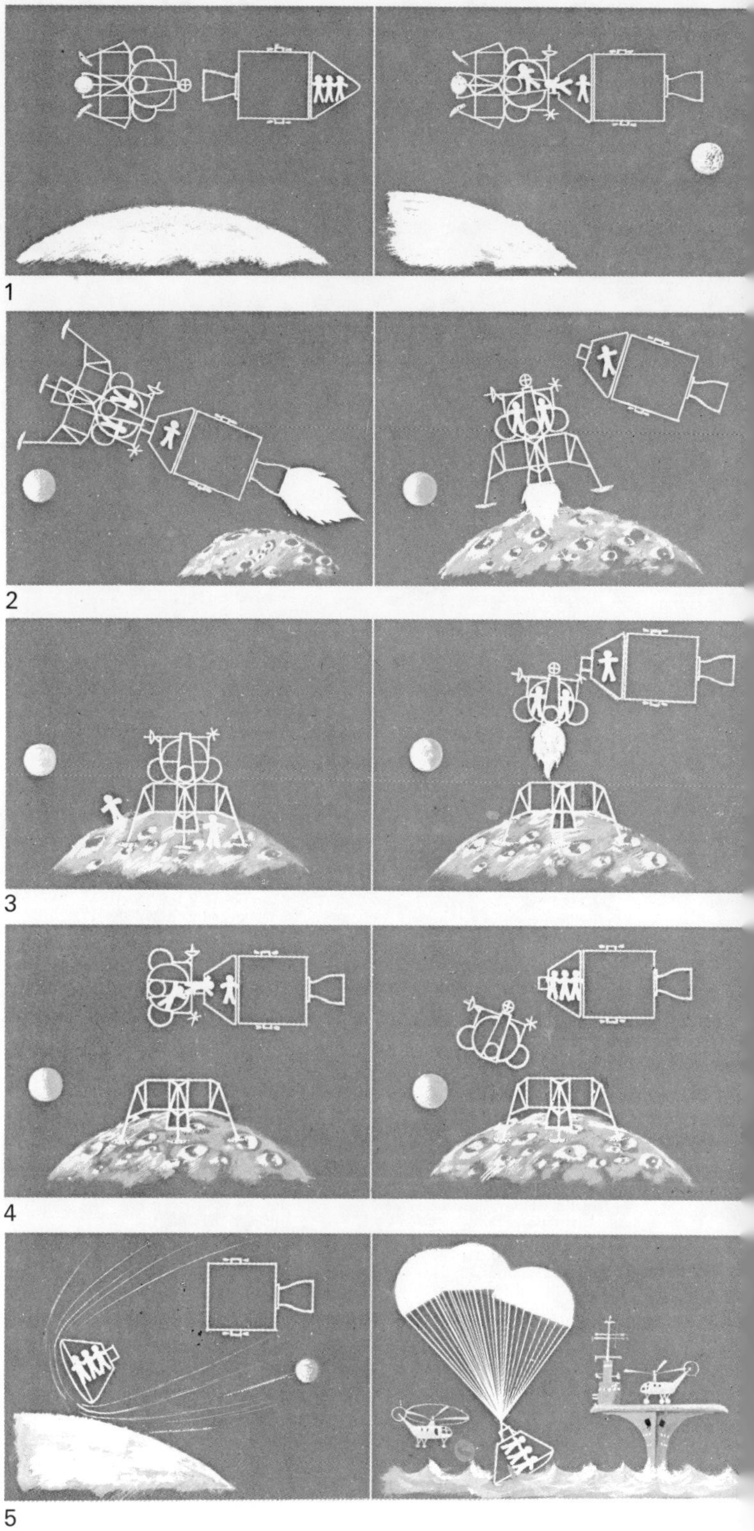

Ablauf des Mondfluges: 1 Das Raumfahrzeug verläßt die Erde. Die Mondfähre wird losgekoppelt und an der Spitze der Kommandokapsel festgemacht, zwei Raumfahrer steigen um. 2 Der Mond ist erreicht. Der Flug wird gebremst, die Kommandokapsel bleibt in einer Kreisbahn, die Landefähre trennt sich und geht nieder. 3 Die Fähre ist gelandet, die Raumfahrer betreten den Mond. Mit einem Flugteil der Fähre kehren die Raumfahrer zur Kapsel zurück. 4 Sie haben die Kapsel erreicht, der Rest der Fähre wird abgestoßen und bleibt auf dem Mond zurück. 5 Auf dem Rückflug taucht die Kapsel in die irdische Lufthülle ein, der Antriebs- und Versorgungsteil wird abgestoßen, an Fallschirmen landet die Kapsel und wird von Hubschraubern und Schiffen geborgen.

Sachverzeichnis

Nelke
Capuc
Dahlie
Tagetes